W0201838

ATLAS DER ERLESENEN CHILIS UND PAPRIKA

SÜSS

LEICHT SCHARF
BIS MITTELSCHARF

SCHARF BIS
SEHR SCHARF

Erich Stekovics · Julia Kospach · Peter Angerer

ATLAS DER ERLESENEN CHILIS UND PAPRIKA

Ulmer

VORWORT

Der „Atlas der erlesenen Chilis und Paprika“ unternimmt einen ausgedehnten Streifzug durch die weite, bunte und überraschend vielfältige Welt der Chilis und Paprika. Er ist vieles in einem: ein Nachschlagewerk für Gärtner und Gärtnerinnen, die nach Informationen aus Profihand suchen, um Chilis und Paprika anzubauen. Ein Prachtband zum Verschenken an alle, die gerne Geschichten über Pflanzen lesen, eine Leidenschaft für botanische Kulturgeschichten haben und sich gerne in ein Thema vertiefen. Schließlich ein Buch für jene, die gerne Chilis und Paprika essen und kulinarisch interessiert sind. Sie können sich in ihrer eigenen Küche von den Rezepten inspirieren lassen, die Spitzenköche und die Autoren für dieses Buch zusammengestellt haben.

Wie schon sein Vorgängerband – unser „Atlas der erlesenen Tomaten“ – will auch der „Atlas der erlesenen Chilis und Paprika“ dazu animieren, sich gärtnerisch und kulturhistorisch, anekdotisch und kulinarisch anregen zu lassen und tief einzutauchen in die reichen Geschmacks- und Formenwelten von Chilis und Paprika.

Ein Glossar versammelt in weit über 100 Stichwörtern gleich einem Lexikon alles Wissenswerte über Chilis und Paprika. Ob Sie erfahren möchten, wie man Chilis anbaut oder wie man sie verarbeitet, welche Rolle sie in der chinesischen Küche spielen oder was die alten Azteken mit ihnen gemacht haben – hier erfahren Sie es! Am Ende jedes Stichworttextes finden sich Verweise auf andere Stichworte: So kann man vor- und zurückspringen, Wissen vertiefen, sich von einem zum nächsten Thema treiben lassen. Immer bleibt man dabei mitten im Geschehen.
Das zweite Herzstück des Buchs sind 77 ausführliche Sortenporträts, die mit fantastisch detailgenauen Fotografien illustriert sind – davon etwa ein Drittel über sehr scharfe, ein Drittel über mittelscharfe und ein Drittel über süße Sorten. Auch dabei kommt jeder auf seine Kosten. Sie werden staunen. Mit mehr Detailwissen sind einzelne Sorten noch nie beschrieben worden.
Erich Stekovics, der burgenländische „Kaiser der Paradeiser“, ist auch ein legendärer Chili- und Paprikakenner. Seit Jahrzehnten beschäftigt er sich mit diesen Früchten und baut jedes Jahr Hunderte verschiedener Sorten auf seinen Feldern im burgenländischen Frauenkirchen an.

Wir haben uns dafür entschieden, die im Buch beschriebenen Chilis und Paprika in nur drei Gruppen zu unterteilen: süß, leicht scharf bis mittelscharf und scharf bis sehr scharf. Das hat praktische Gründe: Denn die üblichen Skalen, mit denen Schärfe gemessen und beschrieben wird – seien es nun Scoville oder die Schärfegrade von 1 bis 10 –, sind für den Alltag nicht aussagekräftig. Es wird zwar gern darüber diskutiert, ob eine Chilifrucht eine 5er- oder eine 8er-Schärfe hat, dabei aber vergessen, dass sich die Früchte einer Sorte je nach Standort und Bedingungen und manchmal sogar die Früchte ein- und derselben Pflanze durchaus unterschiedlich in puncto Schärfe entwickeln können. Wenn man dazu noch bedenkt, dass jeder Mensch eine andere Schärfe-Wahrnehmung besitzt, die ihrerseits von Tag zu Tag schwanken kann, erkennt man schon, dass man mit nur drei Schärfe-Gruppen bestens bedient ist. Vor allem, wenn man mit Chilis kocht.

Wir wollen auch darauf hinweisen, dass dieses Buch sich natürlich an LeserInnen und GärtnerInnen im deutschsprachigen Raum wendet. Dementsprechend haben wir für manche Sorten, die in wärmeren Klimazonen durchaus im Freiland kultivierbar sind, nur die Topf- und Glashauskultur empfohlen. Davon soll sich niemand verwirren lassen. Außerdem folgen wir Erich Stekovics in sein burgenländisches Wunderreich, weswegen im Rezeptteil hin und wieder die Tomate auch unter der österreichischen Bezeichnung „Paradeiser“ auftaucht.

Uns war es wichtig, ebenso ausgefallene Sorten zu beschreiben und damit der riesigen Chili- und Paprikavielfalt Rechnung zu tragen. Dafür haben wir auf manche der gängigsten Sorten verzichtet. Die Welt der Chilis ist weit, bunt und vielfältig. Auch der sonst so oft vernachlässigten großen Gruppe der süßen Paprika haben wir besonderes Augenmerk geschenkt. Sie sind um nichts weniger interessant als scharfe Chilis, ihr Geschmacksspektrum ist ebenso breit und differenziert.

Den krönenden kulinarischen Abschluss des Buches bildet ein opulenter Rezeptteil, für den uns sieben Spitzenköche ihre Lieblingsrezeptkreationen mit Chilis und Paprika verraten haben: Wini Brugger, Thomas Dorfer, Josef Floh, Heinz Reitbauer, Jörg Wörther, Eckart Witzigmann und Jian Zhao.

Wir danken dem in Chili-Fragen ungeheuer kenntnisreichen Gerald Zhang-Schmidt für die zahlreichen Anmerkungen, Informationen und Hinweise, die wir von ihm bekommen haben.

Erich Stekovics   Julia Kospach   Peter Angerer

ABHÄRTEN

Es empfiehlt sich, junge Chilipflanzen, die später im Freiland in Töpfen oder direkt in der Erde kultiviert werden sollen, abzuhärten. Das tut man, indem man sie ab Anfang Mai untertags von drinnen nach draußen stellt und sie so an die kälteren Temperaturen und den Luftzug gewöhnt. Dabei sollte man unbedingt auf die Eisheiligen zwischen 10. und 15. Mai achten. Fällt die Temperatur an diesen Tagen unter fünf Grad Celsius, bleiben die Jungpflanzen drinnen.

>> **Anzucht** >> **Aussaat**

ABSTAND

Man könnte sagen, Chilipflanzen haben es gern intim. Sie suchen mehr die Nähe zu ihren Nachbarn als den Abstand. Fast scheint es, als lehnten sie sich gerne bei anderen an. Mein Vater ging ehemals sogar so weit, sie jeweils zu zweit in ein und dasselbe Pflanzloch zu setzen. Heute setzen wir unsere Chilis in einem Abstand von 50 mal 20 Zentimeter. Das hat sich als ideal erwiesen.

>> **Einzelkämpfer** >> **Nachbarn**

ACHTERBAHN

Die Schärfe hat viele Gesichter. Und Schärfe ist nicht gleich Schärfe – das gilt im Besonderen für Chilis. Nicht nur gibt es unterschiedliche Schärfegrade, auch die Art und Weise, in der Schärfe wirkt und sich entfaltet, ist sehr unterschiedlich. Manchmal schleicht sie sich langsam an und hält dafür, wenn sie einmal da ist, lange vor. Bei asiatischen Sorten ist das häufig der Fall. Es gibt aber auch eine Schärfe, die rasch, unvermittelt und sofort zuschlägt, dafür aber auch schnell wieder nachlässt – genau so, nämlich „arrebatado", spanisch für „jähzornig, ungestüm oder unbeherrscht", wird etwa die Schärfe von Chiltepin beschrieben.
Dann ist da manchmal eine fast gemeine Schärfe, die den Gaumen beinah zu überspringen scheint, um dann – mitunter erst nach Minuten, wenn man schon längst hinuntergeschluckt hat – über Hals und Magen heftig wieder aufzusteigen. Eine Chili, die diese Art der Hinterlist besonders gut beherrscht, ist die chinesische Sorte ‚Chi Chien'. Beschrieben wird sie fast immer als mittelscharf, bricht aber dann in einer zweiten Phase aus wie ein Vulkan.

>> **Capsaicin** >> **Diesel** >> **Skala**

AGGRESSIV

Chilis von ein- und demselben Stock, die zur selben Zeit reif sind, können sich in der Schärfe stark voneinander unterscheiden. Viele Leute wollen nicht glauben, dass das wahr ist. Es ist aber wahr. Der Grund: Die Intensität des in den Früchten enthaltenen Capsaicins, das für die Schärfe verantwortlich ist, entwickelt sich in Abhängigkeit von der Sonneneinstrahlung. Daher können Früchte, die mehr Schatten haben, deutlich weniger scharf sein als solche, die an sonnenexponierten Stellen der Chilipflanze reifen. Dazu hat es auch einen tollen Versuch gegeben, bei dem die Frage beantwortet werden sollte, ob unterschiedliche Farben die Schärfe von Chilis beeinflussen. Man spannte verschiedenfarbige Folien unter die Pflanzen. Dabei fiel auf, dass blaue Folie für die Pflanzen messbaren Stress bedeutete und die Früchte besonders scharf machte.

>> Capsaicin

AJVAR

Es gibt kaum eine Spezialität, die so eng mit dem Balkan, vor allem den Ländern des ehemaligen Jugoslawien, assoziiert wird wie Ajvar. Einige wenige Zutaten ergeben ein Produkt von absolut unverwechselbarem Geschmack. Ajvar ist eine Art grobes Gemüse-Tartar aus roten, über dem Holzkohlengrill gebratenen Paprika und Melanzani, verfeinert mit Zwiebeln und Knoblauch, Essig, Salz und Pfeffer. Natürlich gibt es regionale Unterschiede und Rezepte, mit leichten Abänderungen bei den Zutaten und Mengen. Serviert wird es klassischerweise kalt zu Fleischspeisen und spielt in etwa die Rolle eines sehr viel feineren Ketchups. Verwendet wird Ajvar aber auch als Brotaufstrich oder Würzmittel.

Dieses Rezept für ein mazedonisches Ajvar stammt von meiner Nachbarin in Frauenkirchen, die es wiederum von einer mazedonischen Bekannten, Frau Sesevda Stamenkovska, hat. Wir haben die großen Mengen bewusst gelassen, weil man daran sieht, dass Ajvar traditionell in größeren Mengen gemacht und so auch einfach besser wird.

„Die Schärfe hat viele Gesichter."

MAZEDONISCHES AJVAR

Zutaten:
30 kg rote Fleischpaprika (für scharfes Ajvar müssen 2 kg davon scharfe Paprika sein)
80 ml Öl
Salz nach Bedarf

Paprika gut waschen und abtrocknen. Die Paprika direkt auf der Herdplatte ohne Öl und ohne Pfanne von allen Seiten anbraten, bis die Haut schwarz wird. Dann die noch heißen Früchte in ein Plastiksackerl geben und etwas abkühlen lassen, wobei sie im eigenen Dampf weiter durchschmoren. Das erleichtert das Ablösen der Haut und das Heraustrennen des Gehäuses mitsamt Stiel. Die so geschälten Paprika in ein Sieb legen und über Nacht liegen lassen, damit die Flüssigkeit entweichen kann.
Am nächsten Tag die Paprika durch den Fleischwolf drehen, in einen Kochtopf geben, anschließend 40 Milliliter des Öls hinzufügen und bei starker Hitze braten lassen. Dabei mit einem großen Holzlöffel nonstop umrühren.
Den Ajvar drei Stunden bei starker Hitze kochen lassen. Hierbei ist zu beachten, dass die drei Stunden erst ab dem Moment beginnen, ab dem der Ajvar tatsächlich zu kochen begonnen hat. Ständiges Rühren dabei nicht vergessen!
Während der Ajvar kocht, fügt man immer wieder ein wenig Salz hinzu. Niemals die ganze Salzmenge auf einmal dazugeben.
Wann ist der Ajvar fertig?
Er ist erst dann fertig, wenn man beim Rühren mit dem Kochlöffel eine Linie entlang des Topfbodens ziehen kann, dabei Linien an der Ajvaroberfläche entstehen

und eine Zeitlang bleiben, ohne gleich wieder ineinanderzufließen.
Diese Prozedur des dreistündigen kontinuierlichen Rührens kann man dadurch erleichtern, dass man mit einem modernen Kupferkessel im Wasserbad arbeitet und damit Anbrennen von vornherein verhindert. Das ständige Rühren fällt weg.
Anschließend den Ajvar in Gläser füllen und pasteurisieren.

ALTER

Wie alt dürfen Chilisamen sein, damit sie noch gut keimen? Wie lange darf man sie lagern, ohne dass sie an Qualität verlieren? Die Regel besagt: Drei bis fünf Jahre ist der Chilisamen voll keimfähig, wenn man ihn richtig – also trocken, luftig und lichtgeschützt – lagert. Eine verlängerte Keimdauer und unregelmäßiges Aufgehen der Saat ist ein sicherer Hinweis dafür, dass man sich bald um frische Samen umsehen sollte.

>> Anzuch >> Ernte >> Nylons >> Samengewinnung

ANZUCHT

Das wesentliche Stichwort zum Thema Anzucht von Chilis ist Geduld. Man kann das Anziehen sehr früh beginnen – um einiges früher als etwa bei Paradeisern oder anderen Gemüsepflanzen –, nämlich schon Ende Jänner, Anfang Februar. Der Grund dafür ist, dass die Samen sehr lange zum Keimen brauchen – und das besonders, wenn man unter normalen hausgärtnerischen Bedingungen arbeitet. Profibetriebe haben sehr wohl die Möglichkeit, die Keimung durch genaue Temperatursteuerung zu beschleunigen. Doch das interessiert uns hier nicht. Verraten sei nur, dass Chilis relativ hohe und gleichmäßige Keimtemperaturen lieben. Optimal ist eine Temperatur zwischen 25 und 28 Grad Celsius.
Als Anzuchtgefäß kommt vielerlei in Frage: Handelsübliche Anzuchtschalen und kleine Blumentöpfe aus Ton oder Plastik genauso wie umfunktionierte Eierkartons oder Joghurtbecher mit durchlöchertem Boden. Chilisamen entwickeln sich besonders gut in feinkörniger Aufzuchterde. Die muss man nicht unbedingt speziell kaufen, man kann auch normale Blumenerde durch ein feines Sieb reitern. So lustig es klingt: Wir haben die besten Erfahrungen mit einem Plastiknudelsieb aus der Küche gemacht, das schmale, lang gezogene Abtropfrinnen hatte.
Mit der Erde füllt man die Gefäße, wobei dreifingerhoch für die Anzucht der Samen mehr als ausreichend ist. Keimen die Samen nämlich in zu viel Erde, dann schießen die Sämlinge allzu schnell und unkontrolliert in die Höhe. Das macht sie instabil. Die Erde drückt man fest, um sie zu verdichten. Dann wird sie gut befeuchtet. Die Samen legt man oben drauf. Darüber kommt wieder fingerdick Erde. Die Anbaudichte, also die Zahl der Samen pro Gefäß, hängt davon ab, ob man die Pflänzchen später vereinzeln oder nur als Einzelpflanze in einen größeren Topf umsetzen möchte. Es gibt allerdings einen Erfahrungswert, an dem man sich grob orientieren kann: Auf einer Fläche, die ungefähr der Größe einer Hand entspricht, sollte man nicht mehr als 20 bis 30 Samen anbauen.

>> Abhärten >> Aussaat >> Balkon >> Klarsichtfolie >> Pikieren >> Samengewinnung >> Standort >> Staunässe >> Wärme

APHRODITE

Neben Ingwer und Vanille ist Chili das dritte Gewürz, dem eine stark aphrodisierende Wirkung nachgesagt wird. Die Theorie dazu geht so: Der Körper reagiert auf die Chilischärfe ähnlich wie auf Schmerz, nämlich mit der Ausschüttung von Endorphinen, die nicht nur schmerzunempfindlicher, sondern auch euphorischer machen.

ARCHE NOAH

Es ist eine Initiative, die man gar nicht genug wertschätzen kann: Die „Arche Noah“ ist angetreten, der Verarmung der Sortenvielfalt etwas entgegenzusetzen. 1990 gegründet hat der gemeinnützige Verein mittlerweile über 8000 Mitglieder, einen zentralen Sitz im kleinen niederösterreichischen Ort Schiltern oberhalb des Kamptals, einen großen Schaugarten auf dem Gelände des Schilterner Schlosses mitsamt barockem Pavillon und einen Vermehrungsgarten in Langenlois, Zehntausende Besucher pro Jahr, ein dickes, jährlich neu erscheinendes Sortenhandbuch und höchst erfolgreiche Kooperationen mit Botanischen Gärten und mit Organisationen und Firmen wie „Slow Food“ oder „ReinSaat“. Das Sortenarchiv der „Arche Noah“ umfasst mittlerweile das Saatgut von 6000 verschiedenen alten Gemüse-, Obst- und Blumensorten.
Ich arbeite mit der „Arche Noah“ seit der Gründung meines Betriebes 2001 zusammen und vermehre als einer von Hunderten Erhaltern auch Saatgut für sie. Der Anfang der sehr engen Kooperation war das Jahr 2002, in dem wir 70 Paradeisersorten für die „Arche Noah“ kultiviert haben. Ein weiterer beeindruckender gemeinsamer Versuch fand 2003 statt: In diesem Jahr habe ich auf meinen Feldern im Burgenland 270 Chili- und Paprikasorten aus dem Sorten-Archiv der „Arche Noah“ angebaut. Betreut hat das die Leiterin des Archivs, Michaela Arndorfer. Viele der in diesem Versuch angebauten Sorten stammten aus dem ehemaligen Jugoslawien und wären in den Wirren des Jugoslawien-Krieges wohl für immer verloren gegangen, hätte die „Arche Noah“ nicht gerade noch rechtzeitig vor Ausbruch der massivsten Kämpfe eine Sammelfahrt auf die Märkte der Region unternommen, um Früchte und Samen zu retten. Viele dieser jugoslawischen Sorten zeichnet ihre besondere Freilandtauglichkeit, ihr wunderbarer Geschmack, ihre Dickfleischigkeit, Robustheit und Ertragsfreudigkeit aus.
Die „Arche Noah“ (www.arche-noah.at) und ich pflegen einen engen Kontakt, beobachten gemeinsam Sorten und tauschen Wissen und Saatgut aus – gerade auch, was Chilis und Paprika anlangt.

>> Institut

AUFFÄDELN

Reife Chilis mit Stiel lassen sich durch Auffädeln gut trocknen und konservieren. Dafür durchbohrt man sie Stiel für Stiel mit einer Nadel. Am besten geeignet ist dafür ein dicker Zwirnfaden. Dabei muss man darauf achten, dass die einzelnen Früchte so weit voneinander entfernt aufgefädelt werden, dass sie sich – einmal fertig aufgehängt – nicht berühren können. Andernfalls beginnen sie zu faulen und können einen muffeligen Geschmack entwickeln.
Anstelle des Durchbohrens mit einer Nadel ist auch das Umwickeln der einzelnen Stielansätze mit einem Faden möglich. Davon würde ich aber abraten, weil der Stiel eintrocknet und schrumpft und die Früchte dann leicht herunterfallen können.

>> Backrohr >> Nylons >> Samengewinnung

AUSSAAT

Die Direktsaat von Paprika und Chilis in Beete ist in unseren mitteleuropäischen Breitegraden nicht möglich. Man muss die Pflanzen unbedingt unter warmen Bedingungen in geschützten Räumen vorziehen.

>> Anzucht

SEITE 30 >>

ACONCAGUA

- Gattung: Capsicum baccatum
- Schärfegrad: leicht scharf bis mittelscharf
- Kultur: gut geeignet für Töpfe sowie für Glas- und Folienhaus
- Wuchshöhe: im Topf bis 80 Zentimeter, im Glas- oder Folienhaus bis zu einem Meter
- Pflanze: ausladender Wuchs mit weichen, weit verzweigten, langen Ästen // mittelgrüne, spitz zulaufende Blätter // Blüten gleichmäßig auf der ganzen Pflanze verteilt
- Farbe: von Grün auf leuchtendes Rot abreifend
- Frucht: kleine Blockform mit dickem Zipfel an der Spitze, erinnert an einen Schnuller // dünnwandig // wachsen hängend und stehend // sieben bis acht Zentimeter lang
- Geschmack: saftig-fruchtig mit tropischen Obsttönen und gleichmäßig verteilter Schärfe
- Reife und Ernte: mittelspät reifend // sehr reich tragend

Wenn die Blüten wie bei dieser Sorte sehr eng im Zentrum der Pflanze angeordnet sind, dann müssen sich Früchte im Wachsen buchstäblich zwischen den Zweigen durch- und herauswinden. Das ergibt häufig kuriose Fruchtformen – verdreht, verbogen, eingeringelt, verkrümmt oder mit deutlichen Dellen, Knicken und anderen Verformungen. Eine optimale Ernte solcher Früchte gelingt nur mithilfe einer Gartenschere, mit der man die Stängel sauber und vorsichtig durchtrennt.

AJI BENITO

- Gattung: Capsicum annuum
- Schärfegrad: süß
- Kultur: gleichermaßen gut geeignet für Glas- und Folienhaus, Töpfe und Freiland
- Wuchshöhe: im Freiland und im Topf bis 60 Zentimeter, im Glas- oder Folienhaus bis zu 130 Zentimeter
- Pflanze: schmaler, aufrechter Wuchs // dunkelgrüne, spitz zulaufende Blätter // Blüten im Zentrum der Pflanze konzentriert // deutlich vorhandene Königsblüte
- Farbe: von Mittelgrün auf sattes, dunkles Rot abreifend
- Frucht: längliche, unregelmäßige Früchte, die entweder langgezogen und verbeult sind oder sich zu fast runden Kringeln einrollen, mit dominanten furchigen Längskammern // dickfleischig // wachsen hängend // bis zu 25 Zentimeter lang
- Geschmack: mehlig-sanfter Geschmack mit ganz zartem Litschiaroma
- Reife und Ernte: sehr früh reifend // mittel reich tragend

Die Pflanzen dieser Sorte, die aus Bolivien stammt, sind sehr robust und für Chilis verhältnismäßig kälteunempfindlich.

AJI DULCE AMARILLO

- Gattung: Capsicum chinense
- Schärfegrad: leicht scharf bis mittelscharf
- Kultur: gut geeignet für Töpfe sowie Glas- und Folienhaus
- Wuchshöhe: im Topf bis 80 Zentimeter, im Glas- oder Folienhaus bis zu 120 Zentimeter
- Pflanze: aufrechter, hoher, ausladender Wuchs // mittelgrüne, sehr große, basilikumähnliche Blätter, die um einiges größer sind als die Früchte // Blüten gleichmäßig auf der ganzen Pflanze verteilt
- Farbe: von Mittelgrün auf Orangegelb abreifend
- Frucht: sehen aus wie in die Länge gezogene Kugeln mit leichter Segmentierung // mittel dickfleischig // wachsen hängend // zwei bis drei Zentimeter lang
- Geschmack: extrem fruchtig mit ausgeprägtem Marillen- und Pfirsichton
- Reife und Ernte: mittelfrüh reifend // sehr reich tragend

Diese Sorte wirft sehr reiche Ernte ab und empfiehlt sich – neben dem Frischverzehr – vor allem auch für Chilimarmelade, bei der ihr starkes Marillen- und Pfirsicharoma besonders gut zur Geltung kommt.

AJI LIMO

- Gattung: Capsicum chinense
- Schärfegrad: leicht scharf bis mittelscharf
- Kultur: gut geeignet für Töpfe sowie Glas- und Folienhaus
- Wuchshöhe: im Topf bis 80 Zentimeter, im Glas- oder Folienhaus bis zu 140 Zentimeter
- Pflanze: schirmförmiger, ausladender Wuchs // hellgrüne, längliche Blätter // Blüten schütter und gleichmäßig über die ganze Pflanze verteilt
- Farbe: von violett-durchzogenem Weißlich über Violett mit weißlicher Spitze auf Orangerot abreifend
- Frucht: walnussartige, aber deutlich größere Früchte mit kurzem Spitz, gewellte, ungleichmäßige Oberfläche // dünnfleischig // wachsen hängend // sechs bis sieben Zentimeter lang
- Geschmack: betont tropische Fruchttöne, Melonenaroma und Blütenaroma in Richtung Holunderblüten
- Reife und Ernte: spät reifend // mittel reich tragend

Für mich ist ‚Aji Limo' mit seinem raffinierten Farbenspiel der schönste aller Chilis. Weißlich, Lila, Violett, Orange und leuchtendes Rot umfasst die Palette, die die Früchte dieser Sorte im Zuge ihrer Entwicklung durchlaufen. Dabei sind oft mehrere Farben gleichzeitig auf einer einzigen Frucht vorhanden – vermischen sich miteinander, verlaufen sanft ineinander und bilden Übergänge, als wären sie mit Aquarellfarben bemalt. Man denkt unweigerlich an einen farblich unkonventionellen Regenbogen.

AJI PANCA

- Gattung: Capsicum chinense
- Schärfegrad: leicht scharf bis mittelscharf
- Kultur: gut geeignet für Töpfe sowie Glas- und Folienhaus
- Wuchshöhe: im Topf bis 80 Zentimeter, im Glas- oder Folienhaus bis zu 140 Zentimeter
- Pflanze: aufrechter Wuchs mit weichen Ästen, die aufgrund der vielen Früchte weit herunterhängen // dunkelgrüne, spitz zulaufende Blätter // Blüten zunächst im Zentrum und dann auch außen an der Pflanze liegend
- Farbe: von tiefem Dunkelgrün auf Schokoladebraun abreifend
- Frucht: rillige, zigarrendicke Form mit zwei gerundeten und zwei flachen Seiten, teilweise zu einer stumpfen Spitze auslaufend, teilweise blockig zulaufend und dazu noch teils gerade, teils gekrümmt // mittel dickfleischig // wachsen hängend // bis zu 25 Zentimeter lang
- Geschmack: extrem rauchig betont mit deutlicher Schokolade- und Kakaonote sowie leichter Schärfe
- Reife und Ernte: mittelfrüh reifend // sehr reich tragend

‚Aji Panca' ist ein peruanischer Chili, der dort weit verbreitet ist und in der peruanischen Küche für eine Vielzahl von Rezepten verwendet wird – vor allem in Saucen und Salsas. Er wird auch getrocknet und zu Pulver vermahlen.

AJI PEN

- Gattung: Capsicum baccatum
- Schärfegrad: leicht scharf bis mittelscharf
- Kultur: gut geeignet für Töpfe sowie Glas- und Folienhaus
- Wuchshöhe: im Topf bis 60 Zentimeter, im Glas- oder Folienhaus bis zu 120 Zentimeter
- Pflanze: stark verzweigter, ausladender Wuchs // dunkelgrüne, spitz zulaufende Blätter // Blüten gleichmäßig auf der Pflanze verteilt
- Farbe: von Grün auf Rot abreifend
- Frucht: ähneln in ihrer Form kleinen, bauchigen Fischleibern, meist gerade, mitunter leicht gekrümmt, oft mit einem lustigen, gestuften Spitz // dünnfleischig // wachsen hängend mit langem, dünnem Stiel // ca. sechs Zentimeter lang
- Geschmack: säuerlich-fruchtiges Aroma mit klaren Tropenobst-Noten
- Reife und Ernte: mittelfrüh reifend // sehr reich tragend

ALBAREGIA

- Gattung: Capsicum annuum
- Schärfegrad: süß
- Kultur: gleichermaßen gut geeignet für Glas- und Folienhaus, Töpfe und Freiland
- Wuchshöhe: im Freiland und im Topf bis 50 Zentimeter, im Glas- oder Folienhaus bis zu einem Meter
- Pflanze: kompakter Wuchs // hell- bis dunkelgrüne Blätter, die spitz zulaufen // regelmäßig über die ganze Pflanze verteilte Blüten // deutlich vorhandene Königsblüte
- Farbe: von weißlichem Wachsgelb über Gelborange zu Rot abreifend
- Frucht: die Früchte sind unregelmäßig taschenförmig und manchmal auch leicht spitz // dickfleischig // wachsen hängend und aufrecht stehend // im Durchschnitt sind die Früchte bis zu sieben Zentimeter breit und zwölf Zentimeter lang
- Geschmack: zarter, süßlicher Fruchtgeschmack
- Reife und Ernte: mittelfrüh reifend // reich tragend

‚Albaregia' ist die Nachfolgesorte von ‚Sorok Sari', gesprochen in etwa „Schorokschari", einer alten Taschenpaprikasorte, die früher auf dem gesamten Balkan weit verbreitet war. Während des jugoslawischen Bürgerkriegs wurde die Sorte nicht mehr großflächig angebaut und überlebte nur an einigen wenigen Orten. In Ungarn wurde sie vollends von der neu gezüchteten ‚Albaregia', der weißen Königin, verdrängt. Obwohl ihr das gelungen ist, reicht sie in der Qualität nicht ganz an ihre Vorgängerin heran. Allerdings kann man ‚Albaregia' immer noch als wahre Königin für jeden Gärtner und Koch bezeichnen.

‚Albaregia'-Früchte eignen sich besonders gut zum Grillen auf Holzkohle oder auf einfachen Herdplatten – und zwar sowohl im vollreifen, roten als auch im unreifen, gelborangen Zustand.

ALMA

- Gattung: Capsicum annuum
- Zwei Schärfegrade: süß und leicht scharf bis mittelscharf
- Kultur: neben den Kultivierungsmöglichkeiten Topf, Glas- und Folienhaus ist ‚Alma' eine der am besten geeigneten Sorten fürs Pflanzen im Freiland
- Wuchshöhe: im Freiland und im Topf bis 50 Zentimeter, im Glas- oder Folienhaus bis zu einem Meter
- Pflanze: kompakter Wuchs // hell- bis dunkelgrüne Blätter, die auf eine klare Spitze zulaufen // Blüten sind gleichmäßig über die ganze Pflanze verteilt // deutlich vorhandene Königsblüte
- Farbe: von Gelb über Orange zu Rot abreifend
- Frucht: die scharfen Früchte wachsen nach oben und sind glatt und apfelförmig, die süßen auch apfelförmig, aber am Stielansatz gewellt und wachsen außerdem nach unten hängend // dickfleischig // ca. sechs Zentimeter Durchmesser
- Geschmack: fruchtig-obstig und würzig
- Reife und Ernte: extrem früh reifend // reich tragend

Eine Besonderheit von ‚Alma' ist, dass es sie in zweierlei Züchtungen gibt – einer mit süßen, glatten, nach unten hängenden und einer mit leicht- bis mittelscharfen, am Stielansatz gewellten, nach oben wachsenden Früchten. Ihr Ursprung ist Ungarn. Deshalb heißt die süße Variante ‚Almapaprika édes', die schärfere ‚Almapaprika erös'. Erwähnt muss werden, dass die süßen Früchte etwa um ein Drittel größer sind als die scharfen.

‚Alma' ist neben dem Kirschpfefferoni, dem Spitzpaprika und dem Füzér-Paprika, der zu Paprikapulver gemahlen wird, eine der vier klassischen Sorten der ungarischen Küche. Besonders beliebt ist ‚Alma' für Sauergemüse, Letscho und zum Füllen mit Sauerkraut.

AMPUIS

- Gattung: Capsicum annuum
- Schärfegrad: süß
- Kultur: gleichermaßen gut geeignet für Glas- und Folienhaus, Töpfe und Freiland
- Wuchshöhe: im Freiland und im Topf bis 30 Zentimeter, im Glas- oder Folienhaus bis zu 70 Zentimeter
- Pflanze: schütterer Wuchs mit filigranen Zweigen // dunkelgrüne, spitz zulaufende Blätter // Blüten in regelmäßigen Abständen über die ganze Pflanze verteilt // nur manche Pflanzen bilden eine Königsblüte aus
- Farbe: von Hellgrün zu Rot abreifend
- Frucht: die Früchte sind knollig, kompakt, ungleichmäßig und häufig in sich verdreht, als wäre jemand auf sie draufgestiegen. Wenn man sich grob die Form eines faustgroßen, zerknüllten Blatt Papiers vorstellt, kommt das ziemlich gut hin // extrem dünnwandig, wie Papier // 'wachsen meist hängend, einzelne Früchte auch aufrecht stehend // die Früchte haben einen durchschnittlichen Durchmesser von sieben Zentimetern
- Geschmack: auffallend süß mit einem ganz zarten, rauchigen Bitterton
- Reife und Ernte: sehr früh reifend // reich tragend

Diese Sorte ist extrem dünnfleischig. Da drängt sich die Frage auf, was man mit ihnen tut und worin der kulinarische Mehrwert liegen könnte. Hier die Antwort: Dünn aufgeschnitten sehen die dünnwandigen Früchte von ‚Ampuis' fast wie Fadennudeln aus. Roh in Salaten machen sie sich ganz besonders dekorativ. Aufgrund ihres intensiven Aromas verzeiht man ihnen ihre Dünnwandigkeit ohnehin.

ANAHEIM

- Gattung: Capsicum annuum
- Zwei Schärfegrade: süß und leicht scharf bis mittelscharf
- Kultur: gleichermaßen gut geeignet für Glas- und Folienhaus, Töpfe und Freiland
- Wuchshöhe: im Freiland und im Topf bis 60 Zentimeter, im Glas- oder Folienhaus bis zu einem Meter
- Pflanze: aufrechter, schmaler Wuchs // dunkelgrüne, spitz zulaufende Blätter // die Blüten liegen eher an der Außenseite der Pflanze
- Farbe: von Grün zu Rot abreifend
- Frucht: die Früchte sind auffallend gleichförmig: schmal, länglich-abgeflacht, auf eine stumpfe Spitze zulaufend // wachsen hängend // dünnfleischig // ca. 15 Zentimeter lang
- Geschmack: fruchtig und erfrischend säuerlich, sehr knackig, Kerne schärfer und mit deutlichem Vanillearoma. Zum Teil ist das Fruchtfleisch einseitig extrem süß ohne jede Schärfe, ein und dieselbe Frucht schmeckt aber auf der anderen Seite leicht scharf
- Reife und Ernte: früh reifend // reich tragend

‚Anaheim' ist ein Chili-Klassiker, in einigen US-Bundesstaaten wie New Mexico ist er allgegenwärtig. Die unreifen Früchte werden geröstet und gehäutet zu Stews verarbeitet, die reifen getrocknet und zu Pulver gemahlen. ‚Anaheim'-Früchte haben die faszinierende Eigenschaft, in ein und derselben Frucht teilweise ganz süß und mild, teilweise aber leicht scharf zu sein, was vor allem ihren Frischverzehr sehr spannend macht. Angst braucht man vor ihnen nicht zu haben. Ihre Schärfe ist zwar deutlich, aber sehr zurückhaltend.

BACKROHR

Ich möchte vor einem tödlichen Fehler warnen, der leider häufig gemacht wird. Er betrifft das Trocknen von Chilisamen. Niemals darf man sie im Backrohr oder auf heißen Kachelöfen trocknen. Dort ist es meist so heiß, dass der Keim im Samen abgetötet wird. Das passiert schon ab 45 oder 50 Grad Celsius. Für das Trocknen von ganzen Chili- oder Paprikafrüchten, die man nicht für die Samengewinnung, sondern etwa für die spätere Verarbeitung zu Pulver oder Flocken trocknen will, ist das Backrohr allerdings keine schlechte Wahl. Aber auch hier darf es nicht zu heiß sein. Die Temperatur sollte dafür unbedingt deutlich unter 80 Grad Celsius liegen, das Rohr auf Umluft eingestellt und die Ofentür in Klappstellung leicht geöffnet sein, damit die beim Trocknen entzogene Flüssigkeit sich verflüchtigen kann.

>> Auffädeln >> Mikrowelle >> Samengewinnung

BALKON

Sonnige Balkone sind Wohlfühlorte für die wärmeliebenden Chili- und Paprikapflanzen. Besonders wissen sie die erhitzten Fliesen, Betonböden und Hausmauern zu schätzen, die für sonnenreiche Balkone so typisch sind. Zusätzlich sind die Pflanzen auch noch so dekorativ und schön, dass sie es mit jeder Topfblume aufnehmen können. Stellvertretend für ihre Schönheit und Buntheit sei die halbscharfe Chilisorte ‚Bolivianischer Regenbogen' erwähnt, die Früchte in acht verschiedenen Farben an ein- und demselben Pflanzenstock trägt. Dazu hat sie auch noch unterschiedlich gefärbte Blätter in Violett, Braun und Grün.

>> Eisheilige >> Frost >> Topf

BEEREN

Botanisch gesehen sind Paprika und Chilis erstaunlicherweise gar kein Gemüse, sondern quasi Obst. Sie gehören ja zur großen Familie der Nachtschattengewächse, deren Früchte meist Beeren oder Kapselfrüchte sind. Wie die Beeren von Himbeersträuchern oder Weinreben trocknen auch Chilis und Paprika, die an der Pflanze bleiben, im Herbst ein.

>> Nachtschattengewächse

BEIDHÄNDIG

Paprika- und Chilipflanzen reagieren sehr sensibel, wenn man sie nicht vorsichtig beerntet. Bei uns zu Hause lautet das Motto zu diesem Thema: Immer mit beiden Händen ernten! Sprich: Eine Hand hält den Zweig in unmittelbarer Nähe des Stielansatzes gut fest, die andere bricht mit Hebelwirkung die Frucht mitsamt Stiel herunter. Äußerste Vorsicht erfordert die Ernte der Früchte, die aus der Königsblüte hervorgehen, weil die Pflanze an dieser Stelle – in ihrem Herzen – besonders sensibel ist. In ganz seltenen Fällen kann es sogar sein, dass es besser ist, eine Frucht in mehreren Teilen zu ernten, bevor man, wenn man sie im Ganzen ernten würde, die Pflanze verletzt.

>> Ernte >> Königsblüte

BHUTAN

Von der „Financial Times“ nach dem Bruttosozialprodukt seines Landes gefragt, sprach Bhutans vierter König Jigme Singye Wangchuck vor einigen Jahren von einer anderen nationalen Leistung, die ihm bedeutend wichtiger sei: vom „Bruttosozialglück“ der Bevölkerung seines Landes. Auch wenn sich das in Zahlen nicht fassen lässt: Auf königliche Initiative hin ist das „Bruttosozialglück“ der Bhutanesen dem wirtschaftlichen Gesamtprofit des kleinen buddhistischen Himalaya-Königreichs übergeordnet. Es wäre denkbar, dass Chili seinen Beitrag zum Glück der Bhutanesen leistet. Jedenfalls ist der Chilikonsum des Landes einer der höchsten der Welt. Auch im bhutanesischen Nationalgericht Ema Datshi, einer Art Käse-Chili-Fondue oder Käse-Chili-Eintopf, spielt es eine zentrale Rolle.

BITTER

EIm Umgang mit Paprikapulver ist Vorsicht geboten, wenn man vermeiden will, dass es beim Kochen bitter wird. Das gelingt, indem man das Pulver erst zum Ende des Kochvorgangs hinzufügt und es auf keinen Fall – etwa mit Zwiebeln – am Beginn schon röstet. Beim Gulasch-Kochen ist das eine Hauptregel.

>> Pulver

BLÄTTER

Ein Erfahrungswert, den wir über die Jahre gewonnen haben, kann auch für Laien sehr hilfreich sein: Chilipflanzen mit spitz zulaufenden Blättern eignen sich gleichermaßen für Töpfe wie fürs Kultivieren außerhalb des Glashauses im Freien. Sorten mit herzförmigen Blättern brauchen es deutlich wärmer und sind ausschließlich für Glashäuser und Folienkulturen geeignet. Auch in Töpfen werden diese Chilisorten keine Spitzenerträge bringen. Für süße Paprika hingegen gilt: Sie können immer sowohl in Töpfen als auch im Freiland gezogen werden – wobei man nicht vergessen darf, dass auch sie es gerne sehr warm haben. Man wird also im rauen alpinen Reizklima deutlich weniger erfolgreich mit der Freilandkultur sein als im heißen pannonischen Klima.

Die Blätter von Chili- und Paprikapflanzen sind aber auch noch aus einem anderen Grund bedeutsam: Sie geben wichtige Hinweise auf das Wohlbefinden der Pflanze. Sind die Blätter dunkelgrün – professionelle Gärtner sprechen dann davon, dass sie tintengetränkt seien –, dann bedeutet das, dass die Pflanze sehr gut mit Nährstoffen versorgt ist, mitunter sogar zu gut. Diese Überdüngung kann sich negativ auswirken, weil übermäßig mit Nährstoffen versorgte Pflanzen dazu neigen, die Kraft ins Blattwachstum und nicht in die Entwicklung von Früchten zu investieren. Blasse, hellgrün-gelbliche Blätter dagegen verweisen auf verschiedene Mangelzustände der Pflanze: Meist wurde sie dann zu viel gegossen. In zweiter Linie ist es ein Hinweis auf Nährstoffmangel oder auf zu stark verdichteten Boden.

>> Bunte Kleider >> Körpergeruch >> Lack >> Niemöl

BLÜTEN

Wenn die ersten Blüten erscheinen, weiß man, dass eine Pflanze das Jugendstadium verlassen hat und im Begriff ist, erwachsen zu werden. Die Blüten sind die Vorboten der Früchte. Das Erscheinen der ersten Blüten stellt für jeden Gärtner eine Zäsur dar: Er weiß, dass er die schwierige, besonders ausfallsgefährdete Phase von Aussaat, Anzucht, Pikieren und Auspflanzen erfolgreich hinter sich gebracht hat und sich nun auf die Zeit des Blühens und Erntens freuen darf. Blüten spiegeln den Zustand einer Pflanze wider, zeigen, ob sie sich wohlfühlt oder nicht und erlauben erste Aussichten auf den späteren Ertrag. Auch das Wetter hat hier ein gewichtiges Wörtchen mitzureden. Deshalb bleibt das große Gartenspiel immer spannend – nichts lässt sich endgültig vorausplanen und vorhersagen. Meistens weiß man erst im Rückblick, was man im Zusammenspiel von Wetter und Pflanzen richtig oder falsch gemacht hat.

Paprika- und Chilipflanzen habe kleine, aber sehr hübsche Blüten. Die einfachen, gestielten Blütenkelche sitzen zu mehreren in den Blattachseln zusammen, überwiegend sind sie weiß, es gibt aber auch violette Blüten (Capsicum pubescens). Sie blühen nicht zu einem bestimmten Zeitpunkt, sondern kontinuierlich und schmücken die Pflanze bis zum ersten Frost.

Ein wichtiger Punkt zum Thema Blüten bei Chili- und Paprikapflanzen: So wie man das Wohlergehen einer Pflanze an Anzahl und Schönheit der Blüten erkennen kann, so deutet es umgekehrt darauf hin, dass etwas nicht in Ordnung ist, wenn eine Pflanze immer wieder Blüten verliert. Das hat meistens zwei Gründe: Entweder hat man sie zu viel gegossen oder sie war extremen Wetter- und Temperaturschwankungen ausgesetzt. Beides vertragen Chilis und Paprika überhaupt nicht.

>> Blätter >> Durst >> Königsblüte

BREITSCHULTRIG

Bei Chili- und Paprikasorten ist der Fantasie ihrer Namensgeber keine Grenze gesetzt. So gibt es zum Beispiel ‚Aribibi gusano‘, den ‚Wurm von Afrika‘ der seinem Namen durch seine Form alle Ehre macht, weil er einem runzeligen, weißlich-gelblichen Engerling verblüffend ähnlich sieht. Auch die kosovarische Chilisorte ‚Elefantenrüssel‘ trägt ihren Namen zu Recht: Sie ist eine daumendicke, bis zu 30, 40 Zentimeter lange Chili von einem sehr dunklen Karminrot und zeichnet sich durch helle Quernarben aus. In Form und Oberflächenstruktur sieht sie tatsächlich wie ein faltiger Elefantenrüssel aus. Das wird dadurch verstärkt, dass sie nicht in einen Spitz ausläuft, sondern unten stumpf ist bzw. sogar eine Einbuchtung hat – fast so, als befände sich dort wie bei einem Rüssel eine Öffnung.

Ein weiterer sehr markanter Chili heißt ‚Ancho‘ der „Breite“ oder „Breitschultrige“. Die in Österreich sehr verbreitete Sorte „Milder Spiral“ trägt ihre Form schon im Namen und ist zugleich auch die Sorte, die hierzulande meist als milde Ölpfefferoni verkauft wird. Die besonders in der Türkei beliebte rote Sorte ‚Stierhörner‘ wächst hängend und erinnert in ihrer leicht gebogenen, spitz zulaufenden Form genau an das, was

„Den Stillen, die sich im Hint
treten nie Schweißperl

ihr Name ausdrückt. In China wiederum heißen alle Sorten, deren Früchte aufrecht wachsen, ‚Chao Tian Jiao‘ was soviel bedeutet wie „zum Himmel schauende Chili“. Und die Chilisorte ‚Rocoto‘ heißt im Quechua ihrer südamerikanisch-andinen Heimat auch ‚Gringo Huanuchi‘, was sich übersetzen lässt mit „Gringo-Töter“.

>> Blätter >> Bunte Kleider

BULGARIEN

Bulgariens Küche ist eine der Hochburgen von Paprika und Chilis. Klimatisch fühlen sich die Pflanzen in

vielen Teilen des Landes so wohl, dass die regionale Küche beinahe schon gezwungen war, unzählige Rezepte hervorzubringen. Ganz besonders reichhaltig ist die bulgarische Küche in Bezug auf Gerichte mit süßem Paprika. In Ungarn hält sich die Neigung zu süßen und scharfen Früchten die Waage, Bulgarien zeigt eine deutliche Präferenz in Richtung süß.
Es sind vor allem zwei Sorten, die unmittelbar mit dem Land verbunden sind: der rote Spitzpaprika ‚Kapia' und der dickfleischige rote Paradeispaprika. Im Vordergrund stehen immer gebratene Früchte. Und zwar werden sie ganz ohne Öl schwarz gebraten. Dafür wurden sogar eigene Öfen entwickelt, die in fast keinem traditionellen Haushalt auf dem Land fehlen. Sie gleichen in ihrer zylindrischen Form einem kleinen Reiskocher oder einer kleinen Fritteuse und haben ein Innenleben aus Schamottsteinen, die elektrisch erwärmt werden. Diese Steine haben stanitzelförmige Ausnehmungen, in die man von oben ganze Spitzpaprika hineinstecken kann, wobei die Haut der Früchte den heißen Stein unmittelbar berührt. Dadurch verbrennt die Haut, wirft Blasen und löst sich von alleine ab, was einem den sonst mühsamen Arbeitsschritt des Enthäutens deutlich erleichtert. Die fertig durchgebratenen Früchte nimmt man aus dem Ofen heraus, schlichtet sie zum Nachdünsten in eine Kasserolle und deckt sie mit einem Geschirrtuch ab. Nach etwa zehn Minuten lässt sich die Haut mehr oder weniger im Ganzen ablösen. Dazu nimmt man den Paprika mit der einen Hand beim Stengel, umfasst ihn mit der anderen Hand, drückt leicht zusammen und kann die Haut in einem Zug herunterziehen.
Die Paprika, die durch das Braten im Schamottofen auch einen deutlichen Räucherton bekommen, werden nach dem Enthäuten noch von Stiel und Kernen befreit, mit Öl und Essig mariniert und reichlich mit Knoblauch und Salz gewürzt. Ein kleiner Tipp vom Profi: Wenn einem der Räuchergeruch der Paprika zu intensiv sein sollte, hilft es, die Früchte nach dem Enthäuten einmal kurz mit kaltem Wasser abzuspülen.
Als Krönung dieses Rezeptes habe ich bei einer befreundeten bulgarischen Familie eine Variante von unübertroffener Köstlichkeit kennen gelernt: Dort wurden die wie oben gebratenen und enthäuteten Paprika mit Schafskäse gefüllt, wie Pariser Schnitzel in Ei und Mehl gewendet und frittiert.

…und halten, den ruhigen Beobachtern, die nicht prahlen und angeben.
…f die Stirn, wenn sie mörderisch scharfe Chilisorten verkosten."

BUNTE KLEIDER

Chili hüllen sich zur Freude des Gärtners manchmal in ein buntes Blattkleid. Es gibt alle Arten von Grüntönen, es gibt Sorten mit violetten, mit rostbraunen oder mit fast schwarzen Blättern und es gibt sogar eine Sorte mit weiß-grün-gestreiften Blättern (die Sorte ‚Fishpepper'). Auch das Spektrum der Blattgrößen und -formen ist breit: von fingernagel- bis fußgroß, von schmal bis breit, von glattrandig und spitz zulaufend bis zu herzförmig und manchmal sogar rund.

>> Blätter >> Breitschultrig >> Lack

BURGENLAND

Das Burgenland, insbesondere der Seewinkel, an dessen Rand meine Felder liegen, ist eine Gegend, die allerbeste klimatische Voraussetzungen für den Anbau

SEITE 46 >>

BENI HIGHLAND

- Gattung: Capsicum chinense
- Schärfegrad: scharf bis sehr scharf
- Kultur: gut geeignet für Töpfe, Glas- und Folienhaus
- Wuchshöhe: im Topf bis 50 Zentimeter, im Glas- oder Folienhaus bis zu 80 Zentimeter
- Pflanze: kräftiger, ausladender Wuchs mit starken Zweigen // dunkelgrüne Blätter, die herzförmig zulaufen und leicht gewellt sind // Blüten sind regelmäßig auf der Pflanze verteilt
- Farbe: von tiefem Dunkelgrün zu Gelborange abreifend // sehr markant ist, dass die Spitze der Frucht erst ganz zum Schluss in den gelborangen Reife-Farbton wechselt
- Frucht: die Früchte sind torpedoförmig mit kleinem Spitz und leicht gefaltet // wachsen hängend in kleinen Gruppen in den Blattachseln // dünnfleischig // ca. sechs Zentimeter lang
- Geschmack: typischer Habanero-Geruch, fruchtig und zitronig mit leichter Melonen- und starker Bananennote
- Reife und Ernte: mittelspät reifend // reich tragend mit mehreren hundert Früchten

'Beni Highland' ist eine wunderbare Sorte. Trotzdem darf nicht verschwiegen werden, dass trotz reichster Ernte ein großer Teil der Früchte nicht abreift. Das mag damit zusammenhängen, dass die Pflanze immer und immer wieder noch mehr neue Früchte ansetzt – in Summe einfach zu viele, als dass alle davon wirklich ausreifen könnten.

BIBANOS

- Gattung: Capsicum chinense
- Schärfegrad: scharf bis sehr scharf
- Kultur: gut geeignet für Töpfe, Glas- und Folienhaus
- Wuchshöhe: im Topf 60 bis 80 Zentimeter, im Glas- oder Folienhaus bis zu einem Meter
- Pflanze: ausladender, dichter Wuchs // dunkelgrüne Blätter, die herzförmig zulaufen // Blüten sind in den unteren „Stockwerken“ regelmäßig auf der Pflanze verteilt
- Farbe: von tiefem Grün auf Knallrot abreifend
- Frucht: die Früchte besitzen die typische Habanero-Form und zählen zu den großfrüchtigen dieser Gruppe // dünnfleischig
- Geschmack: nach tropischen Früchten mit typischen seifig-dieseligen Habanero-Tönen
- Reife und Ernte: mittelfrüh reifend // reich tragend

BIH JOLOKIA

- Gattung: Capsicum chinense
- Schärfegrad: scharf bis sehr scharf
- Kultur: gut geeignet für Töpfe, Glas- und Folienhaus
- Wuchshöhe: im Topf ca. 80 Zentimeter, im Glas- oder Folienhaus bis 120 Zentimeter
- Pflanze: baumartiger Wuchs mit deutlicher Krone // hellgrüne, gewellte, herzförmige Blätter // Blüten sind schütter regelmäßig über die ganze Pflanze verteilt
- Farbe: von Dunkelgrün auf Dunkelorange bis Hellrot abreifend
- Frucht: runzelig, warzig, länglich und spitz zulaufend, sehen im Querschnitt wie eine Blüte mit fünf runden Blütenblättern oder wie ein fünfblättriges Kleeblatt aus // dünnfleischig // zehn Zentimeter lang
- Geschmack: sehr scharf, schöner Rosenduft // der erste Geschmackseindruck ist so, als würde man in ein Lavendelöl-Duftkissen beißen. Dieser Eindruck verschwindet sofort wieder. Unmittelbar danach kommt der Rosenduft
- Reife und Ernte: mittelspät reifend // extrem schwach tragend

Auch dieser Sorte wurde schon einmal der Weltmeistertitel in puncto Schärfe verliehen.

BIKER BILL’S

- Gattung: Capsicum annuum
- Schärfegrad: leicht scharf bis mittelscharf
- Kultur: gut geeignet für Töpfe, Freiland sowie für Glas- und Folienhaus
- Wuchshöhe: im Freiland und im Topf bis 60 Zentimeter, im Glas- oder Folienhaus bis zu 80 Zentimeter
- Pflanze: schmaler, hoher Wuchs // extrem weiche, leichte Blätter in Dunkelgrün, die spitz zulaufen // Blüten regelmäßig auf der ganzen Pflanze verteilt, etwas dichter im Zentrum der Pflanze
- Farbe: von glänzendem Dunkelgrün auf Rot abreifend // in Vollreife mit deutlicher Korkenbildung, die aussieht wie dünne, weiße Strichlinien
- Frucht: typische Jalapeño-Form: gedrungen zylindrisch mit abgerundeter Spitze // dickfleischig // acht bis zehn Zentimeter lang
- Geschmack: deutlich fruchtig mit Beerenaromen und besonders saftigem Fruchtfleisch
- Reife und Ernte: mittelfrüh reifend // äußerst reich tragend

‚Biker Bill’s‘ gehört zu jener Gruppe der Jalapeños, die nicht schon durch ihren Namen verraten, dass es sich um Jalapeños handelt. Tatsächlich ist er ein ganz klassischer Jalapeño – sowohl was Fruchtform und Geschmack als auch den Wuchs der Pflanze angeht. Unter den Jalapeños gilt ‚Biker Bill’s‘ als einer der schärferen Paprika. Erwähnt muss unbedingt werden, dass er einer der am reichsten tragenden ist.

BOLIVIAN RAINBOW

- Gattung: Capsicum annuum
- Schärfegrad: scharf bis sehr scharf
- Kultur: gut geeignet für Töpfe, Glas- und Folienhaus
- Wuchshöhe: im Topf bis 60 Zentimeter, im Glas- oder Folienhaus bis zu einem Meter
- Pflanze: ausladender, extrem dichter Wuchs // kleine, dreifarbig violett-grün-schwarze Blätter, die spitz zulaufen // Blüten dicht und regelmäßig auf der ganzen Pflanze verteilt
- Farbe: Farbentwicklung von unreif zu reif über fünf Farbtöne: von Melanzani-Violett über Grün über Weißlichgelb auf Orange und von dort auf Knallrot
- Frucht: kleine, spitz zulaufende Kegel // dünnfleischig // ca. zwei Zentimeter lang
- Geschmack: saftig und mit Haselnussaroma
- Reife und Ernte: mittelfrüh reifend // sehr reich tragend

‚Bolivian Rainbow‘ ist in seiner Vielfarbigkeit, die sowohl die Blätter als auch die verschiedenen Reifegrade der Früchte betrifft, so spektakulär, dass er die ideale Dekor-Chilisorte ist. Die Pflanze sieht umwerfend aus, die Früchte sind von feiner, scharfer Saftigkeit. Was will man mehr?

BROWN EGG

- Gattung: Capsicum annuum
- Schärfegrad: leicht scharf bis mittelscharf
- Kultur: gleichermaßen gut geeignet für Glas- und Folienhaus, Töpfe und Freiland
- Wuchshöhe: im Freiland und im Topf bis 50 Zentimeter, im Glas- oder Folienhaus bis zu 80 Zentimeter
- Pflanze: aufrechter, schmaler Wuchs // dunkelgrüne, lange, schmale, spitz zulaufende Blätter // Blüten regelmäßig auf der Pflanze verteilt
- Farbe: von Grün auf dunkles Rotbraun abreifend
- Frucht: länglich, torpedoförmig mit stumpfem Spitz // wachsen hängend // dickfleischig // sechs bis acht Zentimeter lang
- Geschmack: fruchtig betont mit nicht aufdringlicher Schärfe, leicht nussigem und leichtem Weintraubenton
- Reife und Ernte: früh reifend // reich tragend

<< SEITE 33

von Chilis und Paprikas besitzt. Allein das hier so ausgeprägte pannonische Klima mit seinen langen, heißen Sommertagen und milden Nächten erinnert einen immer wieder daran, dass das Burgenland einmal ein Teil von Ungarn war. Unsere Sand- und Steinböden schaffen ein veritables Wohlfühl-Ambiente für Chili- und Paprikapflanzen.
Mein Vater hat das schon in den 1950er Jahren erkannt und sich intensiv mit dem Anbau von Chilis und Paprika beschäftigt. Heute haben wir mehr als 300 Sorten, die wir Jahr für Jahr kultivieren. Im Frühjahr verkaufen wir Jungpflanzen von rund 100 Sorten, im Sommer die frischen, reifen Früchte von unseren Feldern und im Herbst ernten wir sie und verarbeiten sie in unterschiedlichsten Varianten weiter.

>> Essig >> Marmelade >> Sauer >> Schnaps

BUSCH

Chili-und Paprikapflanzen wachsen typischerweise buschig, aber recht unterschiedlich. Manche bleiben sehr klein und buschig, manche wachsen – zumindest anfangs – mit nur einem Stamm und wenigen Verzweigungen in geringe Höhe. Andere wieder können selbst innerhalb von nur einem Jahr unter guten Bedingungen ein bis zwei Meter hoch werden. In freier Wildbahn in seiner angestammten Heimat und an einem guten Standort kann etwa der Chiltepin, die südamerikanische Urform des Chilis, auch jahrelang wachsen und sich zu einem rechten Bäumchen entwickeln. Es gibt auch Miniaturchilipflänzchen, die gerne und oft im Blumenhandel verkauft werden. Nicht alle dieser käuflich erwerbbaren Pflanzen haben allerdings genießbare Früchte. Viele sind einfach Zierpflanzen.

>> Blätter >> Topf

C

CAPSAICIN

Die Substanz, der Chilis ihre Schärfe verdanken, ist ein Alkaloid namens Capsaicin. Interessant ist, dass es sich bei seiner Wirkung eigentlich um eine Art Sinnestäuschung handelt. Denn Capsaicin regt dieselben Zellen an, mit denen wir auch Hitze empfinden. Wer also beim Essen von scharfen Chilis schon einmal buchstäblich ins Schwitzen geraten ist oder den Eindruck hatte, er würde innerlich verbrennen – dieser Eindruck stimmt genau!
Mittlerweile weiß man, dass mehrere verschiedene Capsaicinoide im Chili vorkommen. Das ist sicher mit ein Grund, warum verschiedene Arten und Sorten von Chilis in ihrer Schärfe so unterschiedlich wahrgenommen werden.

>> Aggressiv >> Fingerspitzen >> Gebärmutter >> Mikrowelle >> Skala >> Sonne

CHILI

Das Wort Chili stammt aus dem aztekischen Nahuatl und ist sinnhafterweise eng verwandt mit dem Wort für rot, das wiederum einen weiten Assoziations- und Bedeutungsraum zu den Begriffen Zorn und Aggression eröffnet. Das Wort Paprika ist über das serbokroatische ‚papar' für „Pfeffer" ins Deutsche eingewandert, das seinerseits seine Wurzeln im lateinischen Wort für Pfeffer – ‚piper' – hat. Hier erkennt man schon die sprachhistorisch enge Verbindung zwischen Chili und Pfeffer. Auch Christoph Kolumbus war ja auf der Suche nach Pfeffer, als er die ersten Chilis entdeckte.

>> Christoph Kolumbus

CHINA

Ich habe einen Freund, Gerald Zhang-Schmidt, der nicht nur mit einer Chinesin verheiratet ist, die wunderbar kocht, sondern auch ein ganz spezielles Interesse an Chilis hat und sich auf diesem Gebiet hervorragend auskennt. Er hat mir von der faszinierenden Beziehung Chinas zu Chilis erzählt. Man denkt bei scharfem Essen ja nicht primär an China, aber die Küchen der Provinzen Sichuan und Hunan wären ohne Chili gar nicht vorstellbar. Und auch in anderen Regionen, nicht zuletzt zahlreichen Bergregionen Chinas, wird es gerne genutzt. Wenig bekannt ist, dass der Verzehr von Speisen, die mit Chili gewürzt sind, in kalten Wintermonaten einen wärmenden Effekt hat. Weit mehr bekannt hingegen ist ein anderer interessanter Effekt: Gerade in subtropischen Gegenden, so wird oft behauptet, habe sich Chili deswegen so weit verbreitet, weil es dort häufig mit Fleisch kombiniert werde und dieses davor schütze zu verderben. Außerdem regt es die Schweißbildung an, durch die man abkühlt. Man kombiniert Chili in China aber auch gerne mit Gemüse.
Man könnte auch Vermutungen darüber anstellen, ob eine Beziehung zwischen der Verbreitung von Chili in Südchina und dem dortigen raschen Bevölkerungswachstum besteht. Denn die übliche Ernährung mit Reis als Grundnahrungsmittel kann mit einem Vitamin-A-Mangel einhergehen. Kombiniert man den Reis aber mit Chili, hat man ein effektives Gegenmittel gegen die Mangelerscheinungen.
Inzwischen hat es Chili in China sogar zum Glückssymbol gebracht, sicher auch, weil die Farbe Rot, die bei Chilis häufig ist, neben Gold als besondere Glücksfarbe gilt. Überhaupt sind es ganz klar rot abreifende Sorten, denen man in China den Vorzug gibt – von den ‚Chao Tian Jiao', die – wie der Name sagt – ihre Früchte „gen Himmel schauend" wachsen lassen bis zu diversen ochsenhornähnlichen oder schmalen und langen Formen.
Andere Arten als Capsicum annuum gibt es in China erst seit jüngster Zeit. Auf Hainan wird seit einigen Jahren eine Sorte Habanero, die man dort als ‚Gelbe Laterne' (Huang Denglong) bezeichnet, angebaut. Interessant ist das, weil man nicht weiß, seit wann diese existiert. Allzu lange kann es nicht her sein. Gleichzeitig aber wurde die Art, zu der die Habaneros gehören, von Nikolaus von Jacquin (1727–1817) wegen ihres angeblichen Heimatlandes Capsicum sinense bzw. chinense (also „chinesisch") genannt.
Und nun einige chinesische Chili-Zubereitungsarten: In der Provinz Hunan werden ganze Chilis frittiert und kommen mit angebratenem, getrocknetem Rindfleisch und Erdnüssen auf den Tisch. Grüne Chilis werden wie Schnitzelfleisch dünn auseinandergeklopft und dann mit Knoblauch und getrockneten schwarzen Bohnen angebraten.
Ein Gericht, das alle Chilifreunde einmal ausprobieren sollten, weil es noch weitere „scharfe" Geschmackswelten eröffnet, wäre LaZiJi, scharfe Hühnerstücke. Diese Speise ist typisch für die Sichuan-Küche, eine der großen chinesischen Küchen, die berühmt-berüchtigt für ihre Schärfe ist. In Sichuan wird Chili oft gemeinsam mit Sichuanpfeffer (bekannter als Szechuanpfeffer) eingesetzt, wodurch die Speisen einen betäubend-scharfen Geschmack bekommen, der auf Chinesisch „mala" heißt.

SEITE 60 >>

CARIBBEAN RED

- Gattung: Capsicum chinense
- Schärfegrad: scharf bis sehr scharf
- Kultur: gut geeignet für Töpfe sowie Glas- und Folienhaus
- Wuchshöhe: im Topf bis zu 40 Zentimeter, im Glas- oder Folienhaus bis zu 60 Zentimeter
- Pflanze: gedrungener Wuchs // dunkelgrüne, herzförmige, leicht gezahnte Blätter // Blüten zentriert in der Mitte der Pflanze
- Farbe: von Dunkelgrün zu Knallrot abreifend
- Frucht: typische Habanero-Form, gleichen einem Ball, dem die Luft ausgegangen ist // dünnwandig // wachsen hängend // drei bis vier Zentimeter im Durchmesser
- Geschmack: sehr fruchtig – vor allem nach Pfirsich, Marille, Ringlotte und Zwetschke
- Reife und Ernte: sehr früh reifend // extrem reich tragend

Von allen Habaneros ist ‚Caribbean Red' die reich tragendste Sorte. Dazu kommt, dass – etwa im Vergleich zu Sorten wie ‚Beni Highland' – auch alle der Früchte zur vollen Reife kommen.

CAROUSEL

- Gattung: Capsicum annuum
- Schärfegrad: süß
- Kultur: gleichermaßen gut geeignet für Glas- und Folienhaus, Töpfe und Freiland
- Wuchshöhe: im Freiland und im Topf bis zu 60 Zentimeter, im Glas- oder Folienhaus bis zu einem Meter
- Pflanze: ausladender, stark verzweigter Wuchs // dunkelgrüne, spitz zulaufende Blätter // Blüten kreisförmig auf mehreren Etagen außen an der Pflanze angeordnet
- Farbe: von rötlichem Hellgrün auf Rot abreifend
- Frucht: Früchte haben die Form eines geschlossenen Schirmpilzes, leicht unregelmäßig mit deutlich sichtbaren Kammern; teils spitz, teils rund auslaufend // mitteldickes Fruchtfleisch // wachsen hängend // ca. elf Zentimeter lang
- Geschmack: herb-grasig mit deutlich bitterer Radicchio-Note
- Reife und Ernte: früh reifend // extrem reich tragend

Diese Sorte haben wir von der französischen Samendatenbank „Kokopelli“ bekommen. Deren Arbeit ist vergleichbar mit jener der „Arche Noah“ in Österreich. Sie kämpft auf breiter Front und scheut auch nicht vor Klagen zurück, wenn es um die Erhaltung alter, regionaler Pflanzensorten geht. „Kokopelli“ zeichnet sich auch dadurch aus, dass man dort immer sortenreinstes Saatgut bekommt.

Die Sorte ‚Carousel‘ trägt ihren Namen nicht umsonst. Die Anordnung der Früchte in Ringen, die in verschiedenen Höhen an der Außenseite der Pflanze angeordnet sind, erinnert tatsächlich stark an ein Ringelspiel.

CECEI

- Gattung: Capsicum annuum
- Zwei Schärfegrade: süß und leicht scharf bis mittelscharf
- Kultur: gleichermaßen gut geeignet für Glas- und Folienhaus, Töpfe und Freiland
- Wuchshöhe: im Freiland und im Topf bis 50 Zentimeter, im Glas- oder Folienhaus bis zu einem Meter
- Pflanze: kompakter Wuchs // hell- bis dunkelgrüne Blätter, die auf eine klare Spitze zulaufen // Blüten sind eher im Zentrum der Pflanze konzentriert // deutlich vorhandene Königsblüte
- Farbe: von Gelb über Orange zu Rot abreifend
- Frucht: die Früchte sind am Stielansatz breit kegelförmig und laufen zu einer Spitze aus // wachsen aufrecht stehend // dickfleischig // ca. elf Zentimeter lang
- Geschmack: fruchtig-obstig und würzig
- Reife und Ernte: extrem früh reifend // reich tragend

‚Cecei' ist eine ungarische Sorte, die in zwei Varianten existiert – einmal mit süßen, einmal mit leicht scharfen bis mittelscharfen Früchten. Optisch sind Früchte und Pflanzen vollkommen ident. ‚Cecei' wird für seine Fruchtigkeit geschätzt und fast ausschließlich im gelben, unreifen Zustand für Letscho und gefüllte Paprika verwendet. Dies deswegen, weil die unreifen Früchte in gekochtem Zustand wesentlich kompakter sind.

CHEVUENA CHUJSKI

- Gattung: Capsicum annuum
- Schärfegrad: süß
- Kultur: gleichermaßen gut geeignet für Glas- und Folienhaus, Töpfe und Freiland
- Wuchshöhe: im Freiland und im Topf bis zu 50 Zentimeter, im Glas- oder Folienhaus bis zu einem Meter
- Pflanze: aufrechter, schmaler Wuchs mit oben schirmförmig ausladenden Zweigen // dunkelgrüne, spitz zulaufende Blätter // Blüten sind an den Schirmenden der Zweige verteilt
- Farbe: von Dunkelgrün auf glänzend Rot abreifend
- Frucht: die Früchte sind gedrungen kegelförmig, glatt und sehr glänzend // mittel dickwandig // wachsen hängend // bis zu zwölf Zentimeter lang
- Geschmack: süß und leicht rauchig
- Reife und Ernte: mittelfrüh reifend // reich tragend

Diese Sorte mit dem für Deutschsprachige schwer aussprechbaren Namen gehört zur Gruppe der Kapia-Früchte, unter denen sie eine Rarität darstellt, weil ihre Früchte besonders kurz, aber in der Form sehr typisch sind.

CUMARI

- Gattung: Capsicum chinense
- Schärfegrad: scharf bis sehr scharf
- Kultur: gut geeignet für Töpfe sowie Glas- und Folienhaus
- Wuchshöhe: im Topf bis 60 Zentimeter, im Glas- oder Folienhaus bis zu 80 Zentimeter
- Pflanze: ausladender, buschiger Wuchs // hellgrüne, leicht spitz zulaufende Blätter // Blüten stehen in kleinen Büscheln gleichmäßig über die ganze Pflanze verteilt
- Farbe: von Hellgrün auf Gelborange abreifend
- Frucht: glänzend-leuchtende Früchte, auffallend lustige Fruchtform mit deutlichem Knick in der Mitte und ab dort wie zusammengedrückt flach weiterwachsend, als wäre ihnen die Luft ausgegangen // dünnfleischig // wachsen hängend // sechs bis acht Zentimeter lang
- Geschmack: zitrusbetont mit Melonenaromen und tropischer Note
- Reife und Ernte: mittelfrüh reifend // sehr reich tragend mit Hunderten Früchten

CUNEO

- Gattung: Capsicum annuum
- Schärfegrad: süß
- Kultur: gleichermaßen gut geeignet für Glas- und Folienhaus, Töpfe und Freiland
- Wuchshöhe: im Freiland und im Topf bis zu 50 Zentimeter, im Glas- oder Folienhaus bis zu einem Meter
- Pflanze: ausladender, locker verzweigter Wuchs // dunkelgrüne, spitz zulaufende Blätter // Blüten zentriert im Herz der Pflanze rund um die Königsblüte angeordnet // deutlich vorhandene Königsblüte
- Farbe: von Dunkelgrün auf leuchtendes Orangegelb abreifend
- Frucht: unregelmäßige Anordnung der Kammern, die von zwei bis höchstens vier reichen, ähnelt in der Form dem klassischen Blockpaprika, nur auf die halbe Höhe zusammengestaucht // extrem dickfleischig // wachsen hängend // fast würfelförmig mit zehn mal zehn Zentimetern Seitenlänge
- Geschmack: saftig, grasig und süß mit leicht erdiger Note
- Reife und Ernte: früh reifend // mittelreich tragend

<< SEITE 47

Für LaZiJi hackt man die Reste eines ausgenommenen Huhnes, von dem man die Flügel, Schenkel und Filetstücke entfernt hat, klein, brät sie in Öl scharf an und gibt gegen Ende der Bratzeit rote, gehackte Chilis – meist sind es getrocknete –, gehackten Knoblauch und Sichuanpfeffer sowie Erdnüsse und kleingehackten Ingwer hinzu. Chili, Sichuanpfeffer und Ingwer werden hier übrigens nicht gegessen. Man sucht sich nur das Fleisch und die Erdnüsse heraus. Ein ausgezeichnetes Essen für ein wenig Nervenkitzel und um eine Erkältung im Entstehen gleich wieder einzudämmen.

CHRISTOPH KOLUMBUS

Der große Genueser Entdeckungsreisende in spanischen Diensten (1451–1506) war der Erste, der Chilis nach Europa gebracht hat. Kolumbus, der nach einem neuen Seeweg nach Indien suchte und stattdessen Amerika entdeckte, war eigentlich auf der Jagd nach Pfeffer und fand dabei den Chili. Er schrieb sehr früh in sein Tagebuch, er sei sich sicher, nicht das gefunden zu haben, wonach er gesucht habe, dass aber das, was er gefunden habe, von sehr ähnlicher Wirkung sei und sich bei den Einheimischen größter Beliebtheit erfreue. Es sei scharf, schrieb Kolumbus, und die Leute rieben sich damit die Speisen ein. Kolumbus nannte es „Pimienta", eine irreführende Bezeichnung, da Chili mit Pfeffer nicht das Geringste zu tun hat. Aus den Samen der Früchte, die Kolumbus von seinen großen Entdeckungsreisen ab 1492 mitbrachte, konnten in Spanien rasch die ersten Pflanzen gezogen werden. Daher kommt auch der bis heute noch manchmal gehörte Beiname von Chili als „Spanischer Pfeffer". Nichts sollte Kolumbus jemals wieder so viel Geld einbringen wie der erfolgreiche Import von Chilis nach Europa. Sie wurden am Anfang mit Gold aufgewogen, ebenso mit dem damals unerhört wertvollen Pfeffer.

Zu Beginn war der sündteure Chili allein dem Adel vorbehalten. Ein Rezept aus damaliger Zeit spiegelt diesen Geld- und Gewürzrausch wider. Es geht dabei um ein Pfefferkuchenrezept, in dem es heißt, man solle Mehl und Chili in gleichen Mengen miteinander vermischen und sich daraus einen vorzüglichen Pfefferkuchen machen. Dabei ging es gewiss nicht um echte Gaumenfreuden, sondern um die Zurschaustellung von Reichtum, mit der bewiesen werden sollte, dass man es sich leisten konnte, mit einem Kilo Kuchen zugleich das Äquivalent eines halben Kilos Gold zu verzehren. Eine zeitgenössische Fortführung solchen Unsinns mag die Verzierung von Süßspeisen mit Blattgold sein, der man auch heute hier und da begegnet.

Man war überrascht, dass Chilipflanzen sich so einfach kultivieren lassen und obwohl mehrjährig zumeist schon im ersten Jahr Früchte tragen. Eine so teure Frucht hatte man sich auch aus gärtnerischer Sicht kapriziöser vorgestellt.

Es dauerte keine 150 Jahre, nachdem Kolumbus die ersten Chilis über den Atlantik mitgebracht hatte, dass die scharfen Früchte in großen Teilen Europas verbreitet waren und kultiviert wurden. Anfangs vielerorts vor allem als Zierpflanze verwendet – in Wien und Prag schmückten Chilipflanzen die Fensterbänke –, gab es den ersten großflächigen Anbau in der Nähe von Brünn.

Dieser Umstand der allzu raschen Verbreitung von Chili führte dazu, dass er bald wieder aus den Kochbüchern des Adels verschwand. Er war zu einem schnöden Gewürz des Volks geworden.

DIESEL

Es mag angenehmere Geschmacksnuancen als Diesel geben, aber trotzdem ist es wichtig zu erwähnen, dass gerade dieser bei einer ganzen Reihe von Chilis, vor allem bei Habaneros, intensiv im Geruch – weniger im Geschmack – der Früchte enthalten ist. Man kann dafür sogar eine ziemliche Passion entwickeln. Insgesamt sind die Geschmackstöne, die man in Chilis und Paprika findet, sehr vielfältig. Sie reichen von Apfel bis Zitrone – darunter so exotische Früchte wie Banane, Maracuja oder Mango, ebenso Melone oder Minze, aber auch gemüsige Aromen wie grüne Erbsen, Karotten oder leichte Anklänge an Kohlgemüse. Nicht zu vergessen ist auch noch die breite Palette an Blütenaromen in Chilis und Paprika. Besonders erwähnenswert sind hier Aromen von Holunder- und Lindenblüten sowie leichte Fliedertöne. Beeindruckend ist, dass diese Geschmacksnuancen auch angesichts der Schärfe noch deutlich hervortreten und wahrnehmbar sind.

>> Achterbahn

DOSIERUNG

Schärfe ist das, womit Chilis in erster Linie assoziiert werden. Dafür liebt oder fürchtet man sie. Allerdings ist die Schärfe nur eines von mehreren Elementen, aus denen sich das Aroma einer Chilifrucht zusammensetzt. Für die Dosierung beim Kochen bedeutet das: Bei scharfen Chilis muss man aufgrund ihrer Schärfe gering dosieren und hat dadurch natürlich auch nur wenig ihrer sonstigen Aromen im Gericht. Das ist vor allem bei Rezepten schade, die wie etwa Letscho, Fischsuppe oder Grenadiermarsch stark paprikadominiert sind. Eine Lösung dieses Dilemmas ist die folgende: Um mehr Paprikaaromen und gleichzeitig ausreichend Schärfe in die Speisen zu bringen, verwendet man statt einer Prise eines sehr scharfen Chilis mehr von einem milderen – und bekommt auf diese Weise auch deutlich mehr zusätzliche Aromen. Ein weiterer Tipp: Man verwendet vorwiegend süßen Paprika und ergänzt die gewünschte Schärfe dosiert mit einer kleinen Portion extrascharfem Chili.

DUDEN

Streitereien gibt es auch immer wieder über die Frage, ob es im Singular „der Chili“ oder „die Chili“ heißt. Am besten hält man sich da an den Duden. Die Rechtschreibbibel des Deutschen lässt hier keinen Zweifel: es heißt „der Chili“ und im Plural „die Chilis“

DURST

Wasser ist neben dem Boden, in dem die Pflanze wächst, ihre zweite wesentliche Lebensquelle. Der Gärtner wieder kann durch das Öffnen dieser Quelle,

also durchs Gießen, Heil und Unheil bringen. Das ist bei Chilis und Paprika nicht anders als bei anderen Pflanzen. Man kann des Guten zu viel tun, man kann seine Pflanzen zu kurz halten oder aber Wasser so einsetzen, dass die Pflanze dadurch optimal in ihrer Entwicklung gefördert und gelenkt wird. Für Chili- und Paprikapflanzen ist eines ganz wesentlich: Sobald die Pflanze aus der Kinderstube heraußen ist (>> Anzucht), sollte man sie eine Zeitlang auf eine sehr knappe Wasserration setzen. Das fördert den Blüten- und Fruchtansatz und verhindert, dass die ganze Energie in die Entwicklung des Blattlaubs gelenkt wird. Dadurch bleibt die Pflanze außerdem klein, kräftig und stockig. Konkret heißt das: Nach dem Anwurzeln im Freiland gießt man sie, bis sie Früchte tragen, überhaupt nicht mehr. Damit können Chili- und Paprikapflanzen wunderbar umgehen – besser als die meisten anderen Pflanzen. Wenn der Fruchtansatz deutlich sichtbar geworden ist, empfiehlt es sich, regelmäßig leicht zu gießen – etwa ein Mal pro Woche einen Liter pro Pflanze. Chilis und Paprika, die in Töpfen wachsen, brauchen die ganze Vegetationsperiode über Wasser, nämlich zwei bis fünf Liter pro Woche und Pflanze. Im Glashaus gießt man so wie in der Topfkultur.
Übrigens: Oft ist das übertriebene Gießen der Jungpflanzen der Grund dafür, dass sich Läuse zu den Pflanzen gesellen.

>> Anzucht >> Erde >> Nachbarn >> Niemöl
>> Tag & Nacht >> Töpfe

DE CAPRIGIO

- Gattung: Capsicum annuum
- Schärfegrad: süß
- Kultur: gleichermaßen gut geeignet für Glas- und Folienhaus, Töpfe und Freiland
- Wuchshöhe: im Freiland und im Topf bis zu 50 Zentimeter, im Glas- oder Folienhaus bis zu 120 Zentimeter
- Pflanze: ausladend stark verzweigter Wuchs // dunkelgrüne, spitz zulaufende Blätter // Blüten regelmäßig über die Pflanze verteilt // deutlich vorhandene Königsblüte
- Farbe: von Dunkelgrün auf glänzendes Rot abreifend
- Frucht: die Früchte haben eine klassische Paradeiserform, glatt mit leichten Rillen // dickwandig // wachsen hängend // sechs bis acht Zentimeter im Durchmesser
- Geschmack: vordergründig süß mit typischem Paprikaaroma
- Reife und Ernte: mittelfrüh reifend // reich tragend

Wundern Sie sich nicht, wenn Sie bei der Sorte ‚De Caprigio' Pflanzen vorfinden, die nicht rote, sondern leuchtend orangegelbe Früchte tragen. Das ist mir auch schon passiert. Form und Geschmack sind allerdings identisch mit den roten.

DUNDICUT

- Gattung: Capsicum annuum
- Schärfegrad: scharf bis sehr scharf
- Kultur: gut geeignet für Glas- und Folienhaus, Töpfe und Freiland
- Wuchshöhe: im Freiland und im Topf bis zu 50 Zentimeter, im Glas- oder Folienhaus bis zu 70 Zentimeter
- Pflanze: kompakter, kegelförmiger Wuchs // extrem schmale, längliche, kleine Blätter, die zu einem halbrunden Spitz auslaufen // die Blätter liegen immer außen um die Früchte // Blüten büschelweise über die Pflanze verteilt
- Farbe: von Weiß über Orange auf Rot abreifend
- Frucht: Früchte sehen aus wie kleine Kegel // dünnwandig // wachsen stehend in dichten Büscheln // drei bis vier Zentimeter lang
- Geschmack: ganz stark säuerlich; die Schärfe, die sofort spürbar ist, riecht nach Flieder und sehr stark parfümiert
- Reife und Ernte: mittelfrüh reifend // reich tragend mit mehr als hundert Früchten

EINZELKÄMPFER

Chilipflanzen sind mit Sicherheit keine Einzelkämpfer. Besonders gut entwickeln sie sich in einer großen Gemeinschaft von 50 bis 100 Pflanzen. Natürlich ist das für den Hausgärtner selten möglich. Man sollte sich nur bewusst sein, dass die einzelne Chilipflanze, wenn sie in einer Gruppe mit anderen wächst, mehr Ertrag abwirft, als wenn sie allein und verloren im Garten steht.

>> Abstand >> Nachbarn

EISHEILIGE

Chilis und Paprika reagieren besonders empfindlich auf Kälte. Insbesondere ist die Zeit der Eisheiligen zwischen 10. und 15. Mai für sie mitunter eine riskante Periode. Pflanzen, die auch nur leicht vom Frost gebeutelt wurden, erholen sich nicht mehr und treiben auch nicht mehr neu aus.

>> Abhärten

ERDE

Chilis und Paprika lieben leichten, sandigen Schotterboden. Sie sind aber nicht sehr kapriziös, was die Bodenbeschaffenheit angeht. Nur sehr schwere, lehmige Böden mit viel Staunässe vertragen sie überhaupt nicht.
Sie haben es auch gerne, wenn der Boden gut aufgelockert und gedüngt ist – etwa mit Humus, Kompost oder reifem Pferdemist.
Im Topf bietet sich ein Gemisch aus normaler Garten- oder Blumenerde und Kompost an, jeweils zu gleichen Teilen.

>> Anzucht >> Standort >> Staunässe >> Topf >> Wasser

ERNTE

Die Ernte von Chilis und Paprika ist eine eher gemütliche Angelegenheit. Es kommt nicht – wie zum Beispiel bei Paradeisern, Melonen, Gurken oder Zucchini – auf ein paar Tage mehr oder weniger an. Die reifen Früchte verzeihen es auch, wenn sie einen Monat lang

Je kleiner die Früchte

nicht geerntet werden. Sie faulen nicht, sie neigen eher zum Eintrocknen, was aber Geschmack und Aroma nicht schadet. Allerdings: Je öfter und regelmäßiger man die reifen Früchte erntet, desto mehr neue Früchte setzt die Pflanze an. Wer fleißig erntet, darf in der Regel auch mit mehr Ertrag rechnen. Nicht alle Früchte lassen sich leicht pflücken. Es ist manchmal sogar

nötig, sie mitsamt Stängel herauszudrehen. Chilis und Paprika müssen unbedingt immer mit dem Stängel geerntet werden – so halten sie länger, und auch für die Pflanze selbst ist es schonender. Anfänger können auch mit einer Gartenschere ernten.
Der richtige Erntezeitpunkt, also die Vollreife ist erreicht, wenn die Früchte eine wachsig glänzende Oberfläche entwickelt haben.

>> Auffädeln >> Beidhändig >> Grün
>> Violett >> Wachs >> Zöpfe

ERNTEPERIODE

Chilis und Paprika sind klassisch mehrjährige Pflanzen, auch wenn das hiesige Klima den Pflanzen mit den ersten scharfen Frösten ein natürliches Lebensende beschert. Trotzdem erzählen mir Kunden immer wieder von vereinzelten Topfchili-Methusalems, die sie über Jahre beernten. Sie lassen im Winter oft Blätter fallen, treiben im Frühjahr aufs Neue aus und setzen immer wieder Früchte an. Das bedeutet umgekehrt, dass es eigentlich unsinnig ist, für einzelne Chili- und Paprikasorten Ernteperioden anzugeben. Denn, wenn man im Herbst seine Topfchilis in geheizte, helle Räume stellt – optimalerweise mit einer Tageslicht- oder Blumenlampe versehen –, kann man sie rund ums Jahr beernten.

>> Balkon >> Eisheilige >> Mehrjährig >> Topf

ERTRAG

Die Erträge von Chili- und Paprikapflanzen sind so unterschiedlich wie die Sorten selbst. Aber nicht nur von der Sorte ist der Ertrag abhängig, sondern auch vom Standort der Pflanze und vom saisonalen Wetter. Es gibt immer wieder Leute, die enttäuscht sind, dass sie zum Beispiel einer einzelnen Pflanze einer großfrüchtigen Gemüsepaprikasorte nicht mehr als fünf oder sechs reife Früchte abringen können. Sie glauben dann, sie hätten etwas falsch gemacht oder die Sorte sei schlecht. Bleiben Sie am Boden, meine Damen und Herren! Es handelt sich um kleine Pflanzen und nicht um Bäume oder Sträucher. Von einer großfrüchtigen Sorte wird man niemals gleich Dutzende Früchte ernten wie von einer kleinen Chilisorte.
Im Gegenteil bin ich selbst immer wieder beeindruckt, wie es eigentlich so kleinwüchsige Pflanzen innerhalb einer kurzen Vegetationsperiode schaffen, so reich zu tragen.
Wohl aber kann man grundsätzlich eines sagen: Je kleiner die Früchte, umso höher die Stückzahl, mit der man als Ertrag rechnen darf. Bei manchen Sorten wie zum Beispiel bei der kleinen, gelben und sehr scharfen Chilisorte ‚Beni Highland' erntet man von einem einzigen Stock Hunderte Früchte.

…mso höher die Stückzahl, mit der man als Ertrag rechnen darf.

Außerdem gilt Folgendes: Chili- und Paprikapflanzen haben in unserem Klima im Freiland niemals dasselbe Ertragspotential wie Pflanzen in Töpfen oder im Folienhaus. Einfach, weil man die Temperatur niemals so stabil und konstant hochhalten kann, wie es sich die Pflanzen idealerweise wünschen.

>> Ertrag >> Gierig >> Pferdemist >> Topf

SEITE 72 >>

ECUADORIAN SWEET

- Gattung: Capsicum chinense
- Schärfegrad: süß
- Kultur: gut geeignet für Töpfe und für Glas- und Folienhaus
- Wuchshöhe: im Topf bis zu 60 Zentimeter, im Glas- oder Folienhaus bis zu 80 Zentimeter
- Pflanze: zentraler Stamm, von dem aus die Pflanze nur vier, fünf Äste ansetzt – ähnlich einem kleinen Obstbaum // matt-dunkelgrüne, leicht herzförmige, gewellte Blätter // Blüten sind dicht zentriert vom Herz der Pflanze aus ansteigend zu den kurzen Seitentrieben hin angeordnet
- Farbe: von Grün auf glänzendes Rot abreifend
- Frucht: fast würfelige Mini-Blockpaprika mit leicht gewellter Oberfläche // dünnfleischig mit extrem kleiner Gebärmutter // wachsen hängend in dichten Rispen // drei bis vier Zentimeter lang
- Geschmack: fruchtig mit deutlichen Beerenaromen (besonders Brombeere), die durch langes Kauen immer intensiver werden
- Reife und Ernte: sehr früh reifend // sehr reich tragend

ESSIG

Es ist nicht ganz üblich, süßen Paprika zu Essig weiterzuverarbeiten, aber wir wollten den Versuch wagen, und er hat sich gelohnt. Der Zucker in den Früchten hat uns auf die Idee gebracht. Er ermöglicht eine alkoholische Gärung. Die reifen, süßen, roten Früchte einer Sorte, die natürlich mein Geheimnis bleiben muss, werden entstielt und entkernt, mit wenig Zucker ergänzt und in großen Stahltanks zur Gärung gebracht. Dadurch entsteht Paprikawein. Um dessen Aroma zu intensivieren, bleiben die vergorenen Früchte monatelang auf der Maische liegen. Anschließend wird der Wein filtriert, mit Essigmutter versetzt und der Alkohol zu Essigsäure umgewandelt.
Der fertige Essig riecht intensiv nach reifen, roten Paprika, ist mild und fruchtig im Geschmack mit vielen beerigen Aromatönen. Er eignet sich hervorragend in der warmen Küche – zum Verfeinern von Suppen und Saucen –, ebenso aber auch für Salate.

>> **Burgenland** >> **Schnaps**

FAMILIENBANDE

Die Gattung Paprika (Capsicum), zu der alle Sorten von Chilis und Paprika gehören, zählt zur großen Familie der Nachtschattengewächse (Solanaceae). Innerhalb der Gattung gibt es mehr als 30 unterschiedliche Arten, zu denen auch immer noch neue hinzukommen. Tatsächlich kultiviert werden davon fünf – nämlich Capsicum annuum als größte Gruppe, Capsicum baccatum, Capsicum chinense, Capsicum frutescens und Capsicum pubescens.
Die Namen dieser Arten sollte man auf keinen Fall allzu wörtlich nehmen – sie sind sogar teilweise geradezu irreführend. Denn weder ist Capsicum annuum einjährig, noch stammt Capsicum chinense aus China oder ist Capsicum baccatum, wie der Name nahe legt, immer beerenförmig. Diese Verwirrung geht auf veraltete Annahmen, Kategorisierungen und Nomenklaturen zurück. Urheimat der Gattung ist Süd- und Mittelamerika.

>> **Duden** >> **Wörterbuch**

FEINDE

Die Erzfeinde von Chili- und Paprikapflanzen sind Läuse (>> **Niemöl**). Es gibt aber noch einen weiteren Schädling, der häufig im Hintergrund lauert und nicht unerwähnt bleiben darf: der Maiszünsler (Ostrinia nubilalis). Diese Schmetterlingsart hat es aber nicht auf die Blätter abgesehen, sondern ausschließlich auf die Früchte. Der Schmetterling, der normalerweise junge Maispflanzen bevorzugt, weicht bei seinem zweiten Flug im Jahr, der im Hochsommer stattfindet, gerne auf Chili- und Paprikapflanzen aus, weil die um diese Jahreszeit noch jung und knackig sind, während der Mais schon so gut wie ausgewachsen ist. Der Maiszünsler legt seine winzigen, fürs Auge so gut wie unsichtbaren Eier in die Nähe des Stängelansatzes der Früchte. Rund um diesen Ansatz befindet sich bei den meisten Chilifrüchten eine Fortsetzung des Stiels, die wie eine schmale, lose Manschette den Übergang zwischen Stängel und Frucht bildet. Genau darunter versteckt der Schmetterling seine Eier. Diese entwickeln sich, die Raupen suchen den Weg ins Fruchtinnere zur Placenta, schlagen sich den Bauch voll, wachsen zu zwei bis drei Zentimetern Größe heran und höhlen die Frucht dabei von innen aus. Zusätzlich fressen sie auch Gänge durchs Fruchtfleisch nach außen. Dadurch kann Wasser in die Frucht gelangen, und sie beginnt zu faulen. Auf diese Weise hat der Maiszünsler schon ganze Ernten vernichtet. Er ist also nicht zu unterschätzen.

So verheerend das klingt, der Maiszünsler ist leicht in den Griff zu kriegen, wenn man ihm erst gar keine Chance gibt. Am besten hängt man gleich prophylaktisch Kärtchen mit den Puppen der Erzwespe (Trichogramma evanescens) an die Pflanzen. Diese Puppen parasitieren die Eier verschiedener Insekten, unter anderem die des Maiszünslers. Man bekommt sie über die auf biologischen Pflanzenschutz spezialisierte Firma „Biohelp" (www.biohelp.at). Ein Kärtchen mit Trichogramma-Puppen reicht dabei für ca. 100 Quadratmeter Pflanzen. Vorgehen tut man wie folgt: Ab Mitte August hängt man drei Mal hintereinander im Dreiwochenrhythmus je ein Kärtchen aus. Das sollte genügen.

>> Lack >> Nachbarn >> Niemöl

FINGERSPITZEN

Mit Fingern, mit denen man scharfe Chilis angegriffen hat, darf man nichts anderes angreifen – schon gar nicht Augen, Geschlechtsorgane oder andere Körperstellen, an denen die Haut sehr dünn und empfindlich ist. Vor allem auch Kinder sollte man mit Händen, die zuvor mit Chilis in Kontakt waren, nicht berühren. Das klingt nach einer Selbstverständlichkeit, wird aber sehr oft nicht beherzigt. Unterschätzt wird die äußere Wirkung von Chili auf Haut und Schleimhäute vor allem deswegen, weil die Schärfe sich nicht sofort bei der ersten Berührung einstellt. Sie kommt mit Verzögerung, dafür aber mitunter umso intensiver und schmerzhafter. Nachdem das Capsaicin, das die Chilis so scharf macht, nicht wasserlöslich ist, kann man sich nach dem Hantieren mit Chilis noch so gründlich die Hände waschen und es wird vergeblich sein. Es kann sogar passieren, dass man es durchs Waschen weiter am Körper verteilt. Jeder, der bereits eine schlaflose, qualvolle Nacht aufgrund von chili-brennender Haut verbracht hat, weiß, wovon die Rede ist. Das Einzige, was meiner Erfahrung nach wirklich hilft, ist eine Brandsalbe, die ich aus einer Apotheke bekommen habe. Sie heißt „Xylocain"-Salbe. Neuerdings gibt es sie auch als Gel. Über mögliche unerwünschte Nebenwirkungen informiert man sich in der Gebrauchsinformation, beim Arzt oder in der Apotheke.

>> Capsaicin

FROST

Wenn Chili- und Paprikapflanzen im Freiland einmal vom ersten Frost erwischt worden sind, ist es mit ihnen und ihren Früchten vorbei. Das ist aber kein unvermeidliches Schicksal. Denn man kann die Pflanzen

SEITE 80 >>

FATALII

- Gattung: Capsicum chinense
- Schärfegrad: scharf bis sehr scharf
- Kultur: gut geeignet für Töpfe und für Glas- und Folienhaus
- Wuchshöhe: im Topf bis zu 60 Zentimeter, im Glas- oder Folienhaus bis zu einem Meter
- Pflanze: extrem ausladender, schirmförmiger Wuchs mit kurzen, starken Trieben // hellgrüne, herzförmige, gewellte Blätter // Blüten gleichmäßig im inneren Bereich, wenn auch nicht nur im Zentrum angeordnet, und zwar in kleinen Gruppen
- Farbe: von Grün auf helles Orangegelb abreifend
- Frucht: in die Länge gezogene Tropfenform mit einer glänzenden Oberfläche, die stark zerknittert ist // dünnwandig // wachsen hängend in kleinen Büscheln // zehn Zentimeter lang
- Geschmack: säuerlich, zitronig, nach Banane und Honigmelone
- Reife und Ernte: mittelspät reifend // sehr, sehr reich tragend

FEHER ÓZON

- Gattung: Capsicum annuum
- Schärfegrad: süß
- Kultur: gleichermaßen gut geeignet für Glas- und Folienhaus, Töpfe und Freiland
- Wuchshöhe: im Freiland und im Topf bis 30 Zentimeter, im Glas- oder Folienhaus bis 50 Zentimeter
- Pflanze: extrem kompakter Wuchs // dunkelgrüne, spitze Blätter // Blüten stehen dicht an dicht wie Rispen rund um die Königsblüte // deutlich vorhandene Königsblüte
- Farbe: von Gelb über Orange zu Rot abreifend
- Frucht: die Früchte sind breit kegelförmig und längs gewellt, laufen spitz zu // auffallend unterschiedlich große Früchte an einer Pflanze // extrem dickwandig, bis zu fingerdick // wachsen aufrecht stehend // bis zu 20 Zentimeter lang
- Geschmack: extrem fruchtig und mild
- Reife und Ernte: extrem früh reifend // reich tragend

Von allen Spitzpaprikasorten ist ‚Feher Ózon' die am frühsten reifende. Ich vermute, dass es sich bei ihr um eine Weiterzüchtung von ‚Cecei' handelt. Jedenfalls stammt sie auch aus Ungarn und ist in den frühen 1970er Jahren das erste Mal aufgetaucht. Die Pflanze schaut fast irreal aus, weil sie so wirkt, als hätte sie mehr Früchte als Blätter. Das dürfte kein Zufall sein. Die züchterische Absicht war zweifellos, durch die wenigen Blätter die frei nach oben stehenden Früchte zu noch früherer Reife zu bringen. Für ihren extrem frühen Erntezeitpunkt bezahlen die Früchte allerdings einen hohen Preis: Sie sind besonders anfällig für Sonnenbrand. Die verbrannten Stellen müssen vor der Weiterverarbeitung herausgeschnitten werden. Ein Trick hilft: Man macht der Pflanze an extrem heißen Tagen eine leichte Beschattung oder man lässt ein Unkraut neben ihr in die Höhe schießen, das ihr ein wenig Schatten spendet.

FISH PEPPER

- Gattung: Capsicum annuum
- Schärfegrad: scharf bis sehr scharf
- Kultur: gut geeignet für Töpfe sowie Glas- und Folienhaus
- Wuchshöhe: im Topf bis zu 60 Zentimeter, im Glas- oder Folienhaus bis zu 80, 90 Zentimeter
- Pflanze: kompakter, aufrechter Wuchs mit mittelstarken Zweigen // einzigartige panaschierte olivgrün-weiße Blätter und sogar zweifarbig weiß-grüne Stiele // Blüten sitzen gleichmäßig über die ganze Pflanze verteilt
- Farbe: von Grün-Weiß panaschiert über Weiß-Rot panaschiert auf Rot abreifend
- Frucht: kegelförmig // dünnfleischig // wachsen hängend // drei bis vier Zentimeter lang
- Geschmack: fruchtig, leichter Fliederton
- Reife und Ernte: spät reifend // mittel reich tragend

<< SEITE 73

schon vorm ersten Frost mitsamt einem großen Wurzelballen ausstechen, aus der Erde holen und in Töpfen überwintern. Möchte man nur die fast reifen Früchte retten, geht das noch viel einfacher: Man schneidet die Pflanzen knapp über dem Boden ab und hängt sie verkehrt in einem frostfreien Raum auf. So können die Früchte fertig ausreifen und für die Küche gerettet werden.

Über eine einzelne kurze Frostnacht im Spätsommer kann man sich mitunter drüberretten, indem man die Pflanzen im Freiland mit Folie abdeckt

>> Balkon >> Eisheilige >> Mehrjährig >> Topf

GEBÄRMUTTER

Im Herz des Chilis, also dort am inneren Stielansatz, wo die Kerne entstehen und teilweise sitzen, sitzt auch die größte Schärfe der Frucht. Diesen Teil nennt man Gebärmutter. Ihre Form ist je nach Sorte und Fruchtform unterschiedlich – sie kann rund sein oder spitz zulaufend. Bei manchen Chilisorten wie zum Beispiel beim süßen Taschenpaprika besteht die Gebärmutter aus mehreren, flach gedrückten Kammern.

>> Capsaicin >> Fingerspitzen >> Pulver >> Regel >> Skala

GIERIG

Gierige Früchtejäger sind bei Chilis und Paprika zur Abwechslung einmal deutlich im Vorteil. Denn der Ertrag eines Stockes wächst, je eifriger und häufiger man ihn beerntet. Dasselbe gilt übrigens auch für Bohnen, Erbsen, Gurken oder Paradeiser. Das soll aber natürlich nicht dazu führen, dass man Paprika und Chilis unreif von der Pflanze reißt.

>> Ertrag >> Grün >> Topf

GIESSEN

>> Durst

GRETCHENFRAGE

Die Gretchenfrage beim Chiliessen lautet natürlich: Wie weiß ich, ob der Chili, den ich gleich kosten werde, mild, scharf, sehr scharf oder so extrem scharf ist, dass mir die Luft wegbleiben wird? Antwort: Das bleibt leider so lange ein Geheimnis, bis man tatsächlich hineingebissen hat. Genau deswegen machen sich ja so viele Leute einen Sport daraus.

>> Capsaicin >> Typen >> Regel >> Skala

GRÜN

Viele Menschen klagen darüber, dass sie Paprika – vor allem grünen – nicht vertragen. Die klassischen Symptome sind Magendrücken und Aufstoßen, in einzelnen Fällen kann es sogar zu asthmatischen Anfällen kommen. Der Grund dafür ist nicht Paprika an sich, sondern unreifer, grüner Paprika. Denn um nichts anderes

SEITE 92 >>

GARDEN SUNSHINE

- Gattung: Capsicum annuum
- Schärfegrad: süß
- Kultur: gleichermaßen gut geeignet für Glas- und Folienhaus, Töpfe und Freiland
- Wuchshöhe: im Freiland und im Topf bis zu 60 Zentimeter, im Glas- oder Folienhaus bis zu einem Meter
- Pflanze: kräftige Pflanze mit ausladenden Zweigen // mittelgrüne, spitz zulaufende Blätter // Blüten sitzen gleichmäßig über die ganze Pflanze verteilt
- Farbe: von Hellgrün-Lila auf Orangerot abreifend
- Frucht: gleichmäßige Früchte, die am Stielansatz zylinderförmig glatt sind und sich ab der Mitte der Frucht zu deutlich sichtbaren drei Kammern auffalten, oben stumpf // dickwandig // wachsen hängend // acht bis zehn Zentimeter lang
- Geschmack: süß, fruchtig und saftig
- Reife und Ernte: sehr früh reifend // extrem reich tragend

Meist steckt in den Sortennamen einiges an Information. Mitunter drückt sich darin einfach nur die pure gärtnerische Freude über eine Sorte aus. ‚Garden Sunshine' ist so eine Sorte. Die Pflanzen tragen äußerst viele Früchte und sind sehr robust. Mit ihnen geht buchstäblich die Sonne auf.

GOLDEN CAYENNE

- Gattung: Capsicum annuum
- Schärfegrad: leicht scharf bis mittelscharf
- Kultur: gut geeignet für Töpfe, Freiland und für Glas- und Folienhaus
- Wuchshöhe: im Freiland und im Topf 50 bis 60 Zentimeter, im Glas- und Folienhaus bis zu 80 Zentimeter
- Pflanze: extrem schlanke Pflanze mit filigranen Ästen // lange und schmale, spitz zulaufende Blätter in Mittelgrün // Blüten sind im Herz der Pflanze dicht angeordnet
- Farbe: von leuchtendem Grün auf goldenes Orange abreifend
- Frucht: die fingerdicken Früchte haben eine zylindrische Form, die im letzten Drittel zu einer Säbelklingenform mit stumpfer Spitze ausläuft // mittel dickfleischig mit einer großen Gebärmutter // wachsen hängend // bis zu zehn, zwölf Zentimeter lang
- Geschmack: vordergründig süß und karottig mit leichten Mandarinentönen // angenehm ansteigende Schärfe mit typischem Cayennepfeffer-Geschmack
- Reife und Ernte: sehr früh reifend // extrem reich tragend

Cayenne-Chilis sind ein wichtiger Bestandteil der Chiliküche. Verschiedene Sorten, die sogar teilweise unterschiedlichen Arten zugeordnet wurden, erhielten im Lauf der Zeit den Namen ‚Cayenne'. Wegen der ledrigen Beschaffenheit ihrer Haut sind sie sehr gut zum Trocknen und Mahlen geeignet. Aus ihnen wird Cayennepfeffer gemacht, und sie sind ein zentrales Element der bekannten Cajun-Küche des US-Bundesstaates Louisiana.

GOLDEN TREASURE

- Gattung: Capsicum annuum
- Schärfegrad: süß
- Kultur: gleichermaßen gut geeignet für Glas- und Folienhaus, Töpfe und Freiland
- Wuchshöhe: im Freiland und im Topf bis zu 50 Zentimeter, im Glas- oder Folienhaus bis zu einem Meter
- Pflanze: aufrechter, schmaler Wuchs // hell- bis dunkelgrüne, spitz zulaufende Blätter // Blüten sind außen liegend über die ganze Pflanze verteilt
- Farbe: von Pink-Grün über Dunkelgrün auf Orange mit dunkelgrünen Backen abreifend
- Frucht: die Früchte sind länglich und schmal, gerippt und oftmals gebogen, manche mit Spitze, manche mit stumpfem Ende // mittel dickwandig, etwa wie Karton // wachsend hängend // ca. 15 Zentimeter lang
- Geschmack: süß, wenn auch nicht extrem süß, mit anhaltend fruchtigem Beerenaroma
- Reife und Ernte: mittelfrüh reifend // reich tragend

GOLDIE

- Gattung: Capsicum annuum
- Schärfegrad: süß
- Kultur: gleichermaßen gut geeignet für Glas- und Folienhaus, Töpfe und Freiland
- Wuchshöhe: im Freiland und im Topf bis zu 50 Zentimeter, im Glas- oder Folienhaus bis zu einem Meter
- Pflanze: ausladender, hoher Wuchs // große, mittelgrüne, spitz zulaufende Blätter // Blüten sind außen liegend über die ganze Pflanze verteilt
- Farbe: von Gelb über Orange auf Rot abreifend
- Frucht: bilden zweierlei Fruchtformen aus; einerseits typisch blockförmig, andererseits auf eine abgeflachte Spitze zulaufend // dickfleischig // wachsen hängend // ca. zehn Zentimeter lang
- Geschmack: leicht rauchig, holzig und süß
- Reife und Ernte: früh reifend // sehr reich tragend

GREEN TO ORANGE

- Gattung: Capsicum annuum
- Schärfegrad: süß
- Kultur: gleichermaßen gut geeignet für Glas- und Folienhaus, Töpfe und Freiland
- Wuchshöhe: im Freiland und im Topf bis zu 60 Zentimeter, im Glas- oder Folienhaus bis zu 80 Zentimeter
- Pflanze: kompakt buschiger Wuchs // dunkelgrüne, spitz zulaufende Blätter // Blüten sind um die deutlich vorhandene Königsblüte angeordnet
- Farbe: von Melanzani-Braunviolett über Grün zu Rot abreifend
- Frucht: typische gedrungene, breite Paprika-Blockform mit drei Kammern, unregelmäßig gewellt // dickfleischig // wachsen stehend // ca. zehn Zentimeter lang
- Geschmack: sehr saftig und fruchtig, ein schönes Wechselspiel zwischen Süße und leichter Säure, zarter Kirschton
- Reife und Ernte: sehr spät reifend // reich tragend

<< SEITE 80

handelt es sich bei dem handelsüblichen grünen Süßpaprika: Er ist einfach eine noch unreife Frucht und daher eigentlich für den Frischverzehr nicht zu empfehlen. Man isst ja auch keine unreifen, grünen Marillen. Wenn man es damit übertreibt, kann es passieren, dass sich dieselben Symptome auch zeigen, wenn man reifen Paprika isst. Ich persönlich würde so weit gehen zu behaupten, dass immer dort, wo man in einem Restaurant rohen, grünen Paprika serviert bekommt, der Koch nicht besonders warenkundig ist.

>> Gierig >> Violett

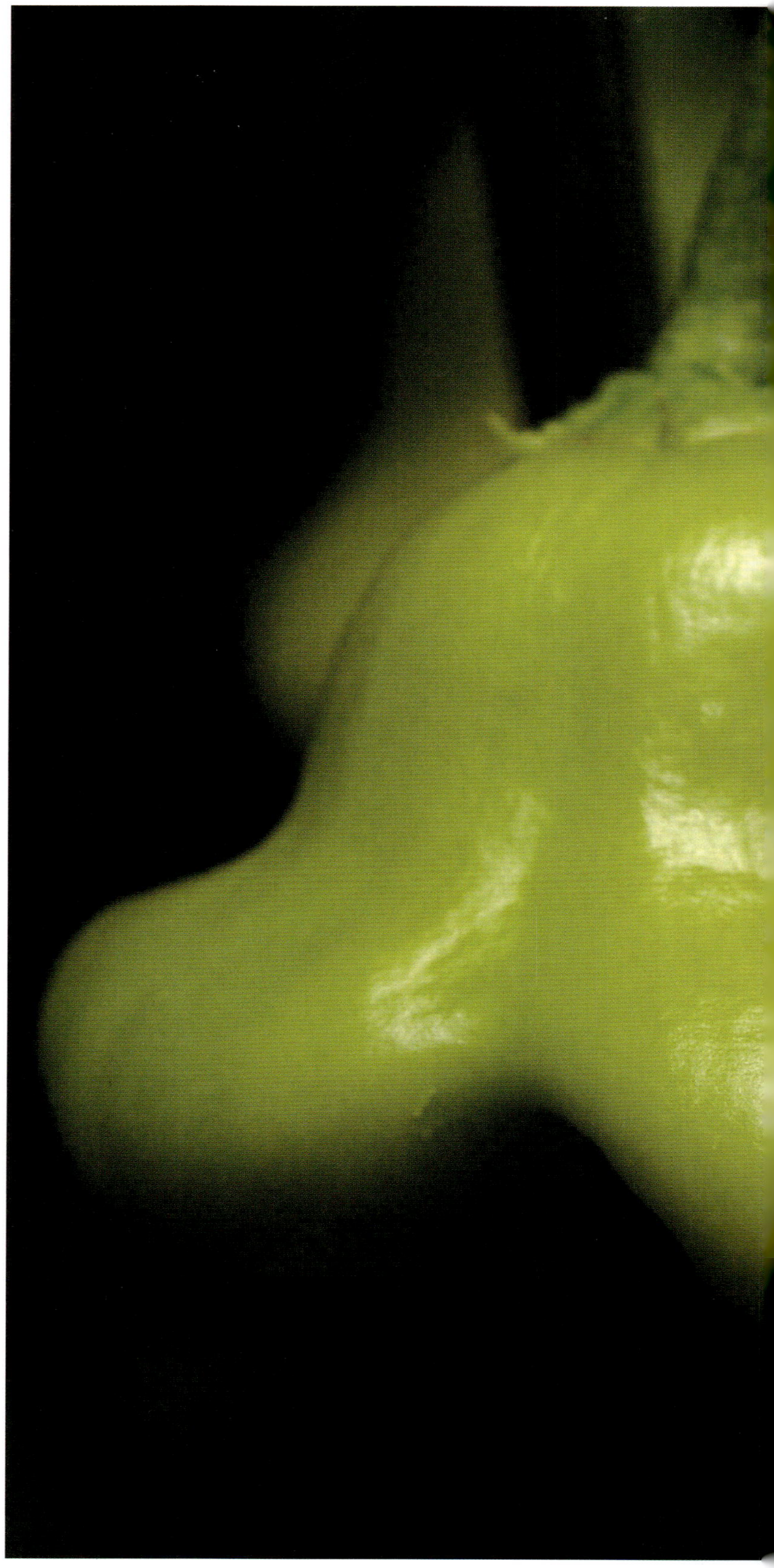

H

HOCHBEET

Hochbeete werden im Garten – und auch auf Terrassen und größeren Balkonen – immer beliebter. Sie sind auch wunderbare Orte, um Chili- und Paprikapflanzen zu kultivieren. Mir persönlich wäre das Hochbeet als Standort allerdings viel zu schade und aufwändig, weil die Pflanzen den zur Verfügung gestellten Humusaufbau eines solchen Beetes gar nicht nutzen können, da sie reine Flachwurzler sind. Das soll aber niemanden davon abhalten, sein Hochbeet mit Chilis und Paprika zu bepflanzen – es ist auf gar keinen Fall eine nachtei-

lige Umgebung für sie. Aber simple Töpfe tun es genauso, sind technisch einfacher und funktionieren für Chilis und Paprika sogar noch um einiges besser. Wenn man sein Hochbeet stattdessen für Paradeiserpflanzen nützt, kann man seine Möglichkeiten voll ausschöpfen. Diese wurzeln tiefer, brauchen mehr Erdvolumen und lieben die unterschiedlichen Bodenschichten eines Hochbeetes.

>> Anzucht >> Balkon >> Erde >> Nachbarn
>> Topf >> Wohnungswechsel

HÖHE

>> Busch

INSTITUT

Man mag es kaum glauben, aber es gibt eine eigene Forschungseinrichtung nur für Chilis: „The Chile Pepper Institute" an der Universität von New Mexiko (www.chilepepperinstitute.org) in den USA. Bei so manchen Sorten sind dessen Züchtungen dem Chilianbauer wahrscheinlich schon untergekommen. Sorten mit NuMex im Namen stammen von dort.

>> Arche Noah >> Typen

SEITE 108 >>

HABANERO CHOCOLATE

- Gattung: Capsicum chinense
- Schärfegrad: scharf bis sehr scharf
- Kultur: gut geeignet für Töpfe sowie Glas- und Folienhaus
- Wuchshöhe: im Topf bis zu 80 Zentimeter, im Glas- oder Folienhaus bis zu 180 Zentimeter
- Pflanze: schütterer, aufrechter Wuchs // mittel- bis dunkelgrüne, herzförmige Blätter // Blüten sitzen in kleinen Büscheln in den Zweigachseln und sind locker über die ganze Pflanze verteilt
- Farbe: von Braungrün auf warmes, dunkles, mattes Schokobraun abreifend
- Frucht: die Früchte sehen aus wie stark gefurchte, in die Länge gezogene und in sich leicht gedrehte Walnüsse // wachsen hängend mit langem, dünnem Stiel // ca. sechs Zentimeter lang
- Geschmack: vorherrschend scharf, obstiges Aroma mit deutlichem Bananenton, besitzt auch den Habanero-typischen Dieselgeruch, der von Essigmuttersäuren begleitet wird
- Reife und Ernte: sehr spät reifend // reich tragend

Bei den Habanero-Freaks, die als die Hardcore-Fraktion unter den Chilifans gelten, steht diese Sorte meist an erster Stelle auf der Beliebtheitsskala. ‚Chocolate' ist eine Berühmtheit. Er wird viel und gerne für Chilipasten und Saucen verwendet. Außerdem gehört er zu den eher raren braunen Chilis. Die wunderschönen Früchte sind ein echter Hingucker.

HABANERO ORANGE

- Gattung: Capsicum chinense
- Schärfegrad: scharf bis sehr scharf
- Kultur: gut geeignet für Töpfe sowie Glas- und Folienhaus
- Wuchshöhe: im Topf bis zu 80 Zentimeter, im Glas- oder Folienhaus bis zu 130 Zentimeter
- Pflanze: schütterer, aufrechter Wuchs // hellgrüne, herzförmige Blätter // Blüten sitzen in kleinen Büscheln in den Zweigachseln und sind locker über die ganze Pflanze verteilt
- Farbe: von Hellgrün auf blasses Orange abreifend
- Frucht: schmale, längliche Habanero-Form // wachsen hängend // dünnwandig // vier bis fünf Zentimeter im Durchmesser
- Geschmack: zitrusfruchtig, deutlich nach Mandarine, ein bisschen nach Apfel und typisch seifig-dieselig wie alle Habaneros
- Reife und Ernte: mittelfrüh reifend // mittelreich tragend

HABANERO RED

- Gattung: Capsicum chinense
- Schärfegrad: scharf bis sehr scharf
- Kultur: gut geeignet für Töpfe sowie Glas- und Folienhaus
- Wuchshöhe: im Topf bis zu 60 Zentimeter, im Glas- oder Folienhaus bis zu 80 Zentimeter
- Pflanze: kompakter, buschiger Wuchs // grüne bis dunkelgrüne, herzförmige Blätter // Blüten sitzen in kleinen Büscheln in den Zweigachseln und sind dicht über die ganze Pflanze verteilt
- Farbe: von Dunkelgrün auf Dunkelrot abreifend
- Frucht: längliche Habanero-Form // wachsen hängend und in dichten Büscheln // dünnwandig // fünf Zentimeter lang
- Geschmack: fruchtig-gemüsig und süßlich, dezentes Zuckermelonen- und Weintraubenaroma und dazu ein deutlicher Geschmack nach jungem Kohlrabi
- Reife und Ernte: mittelfrüh reifend // sehr reich tragend

Habaneros sind so etwas wie die Königsklasse der Chilis. Auch Leuten, die sonst wenig Ahnung von verschiedenen Chilisorten haben, sind Habaneros ein Begriff. Mit ihnen verbindet auch jeder Laie extreme Schärfe. Es gibt Habanero-Züchtungen in allen Farbtönen von Weiß und Gelb über Orange, Rot und Violett bis hin zu dem spektakulären Schokobraun des ‚Habanero Chocolate'. Es gibt allerdings sogar – und das ist weitaus weniger bekannt – süße Habaneros, denen jede Schärfe abgeht. Gemeinsam ist allen Habaneros ihre Fruchtigkeit und der typische und unverwechselbare leicht seifige Dieselton.

HAI XEAN GJIA

- Gattung: Capsicum annuum
- Schärfegrad: scharf bis sehr scharf
- Kultur: gut geeignet für Töpfe sowie für Glas- und Folienhaus
- Wuchshöhe: im Topf bis zu 80 Zentimeter, im Glas- oder Folienhaus bis zu 110 Zentimeter
- Pflanze: filigrane Pflanze mit weichen, ausladenden Ästen // dunkelgrüne, längliche Blätter // Blüten regelmäßig und dicht über die ganze Pflanze verteilt
- Farbe: von Grün auf Knallrot abreifend
- Frucht: mikadostäbchendünne, lange, gewellte und sehr häufig eingeringelte Früchte // dünnwandig // wachsen hängend // 15 bis 20 Zentimeter lang
- Geschmack: leicht herb mit dominant scharf-säuerlichem Aroma und leichten Tönen von unreifem, grünem Gemüse
- Reife und Ernte: mittelfrüh reifend // sehr reich tragend

Die Früchte von ‚Hai Xean Gjia', der eine chinesische Sorte ist, erinnern in ihrer Skulpturhaftigkeit und Vielgestalt an chinesische Schriftzeichen. An dieser Stelle sei eine kleine Anmerkung erlaubt, vielmehr ein Ratschlag gegeben, den ich von einem chinesischen Koch bekommen habe. Der sagte mir, eine ideale Chilisauce bestehe aus drei Zutaten: Chilis, Knoblauch und Ingwer. Der Grund: Es gäbe nichts, was den Geschmack und die Aromen von Chilis mehr verstärke als Knoblauch und Ingwer.

HEALTHY PEPPER

- Gattung: Capsicum annuum
- Schärfegrad: süß
- Kultur: gut geeignet für Töpfe sowie Glas- und Folienhaus
- Wuchshöhe: im Freiland und im Topf bis zu 80 Zentimeter, im Glas- oder Folienhaus bis zu 120 Zentimeter
- Pflanze: kräftiger, ausladender Wuchs // dunkelgrüne, spitz zulaufende Blätter // Blüten dicht und regelmäßig über die ganze Pflanze verteilt
- Farbe: von Grün auf Rot abreifend
- Frucht: extrem unregelmäßig in Form und Größe – spitz oder stumpf auslaufend, gedrungen taschenförmig oder kegelförmig // wachsen hängend // von fünf bis 15 Zentimetern Länge
- Geschmack: süß mit dominanter Apfel-Marzipan-Note
- Reife und Ernte: extrem früh reifend // reich tragend

Bei den Publikumsverkostungen, die ich manchmal mache, liegt ‚Healthy Pepper' unter den süßen Paprika immer ganz weit vorne. Das liegt sicher an seinem überraschend deutlichen Apfel- und Marzipangeschmack.

ITALIAN SWEET

- Gattung: Capsicum annuum
- Schärfegrad: süß
- Kultur: gleichermaßen gut geeignet für Glas- und Folienhaus, Töpfe und Freiland
- Wuchshöhe: im Freiland und im Topf bis zu 50 Zentimeter, im Glas- oder Folienhaus bis zu einem Meter
- Pflanze: aufrechter, schmaler Wuchs mit oben schirmförmig ausladenden Zweigen // dunkelgrüne, spitz zulaufende Blätter // Blüten sitzen an den Enden der Zweige
- Farbe: von Braun-Dunkelgrün auf leuchtendes Rot abreifend
- Frucht: die Früchte sind länglich und unregelmäßig kegelförmig, häufig mit Dellen und leichten Knicken, manche mit abgeflachtem Ende, andere auf eine abgerundete Spitze zulaufend // mittel dickwandig // wachsen hängend // bis zu zwölf Zentimeter lang
- Geschmack: süß, saftig
- Reife und Ernte: mittelfrüh reifend // reich tragend

ITALIAN YELLOW MARCONI

- Gattung: Capsicum annuum
- Schärfegrad: süß
- Kultur: gleichermaßen gut geeignet für Glas- und Folienhaus, Töpfe und Freiland
- Wuchshöhe: im Freiland und im Topf bis zu 50 Zentimeter, im Glas- oder Folienhaus bis zu einem Meter
- Pflanze: steil aufrechter Wuchs // extrem lange, dunkelgrüne, in eine lange Spitze auslaufende Blätter // Blüten sitzen eher an der Außenseite der Pflanze
- Farbe: von Dunkelgrün zu leuchtendem Orangegelb abreifend
- Frucht: die Früchte sind gleichmäßig länglich und laufen erst ganz am Ende der Frucht in einen kurzen Spitz aus; die im Herzen der Pflanze liegenden Früchte haben mitunter Krümmungen und Knicke // dickwandig // wachsen hängend // 15 bis 20 Zentimeter lang
- Geschmack: sehr süß, mit Getreidenoten, besonders nach Zuckermais
- Reife und Ernte: sehr früh reifend // reich tragend

ITALIEN

Der oft gehörte Spruch „Je heißer das Klima, desto mehr Chili" tritt am Beispiel Italien gleichsam seinen Wahrheitsbeweis an. In der norditalienischen Küche taucht Chili zwar hier und da auf, spielt aber keine allzu wesentliche Rolle. Richtig interessant wird es dafür im Süden des Landes. Vor allem die Basilikata und noch mehr Kalabrien sind bekannt für ihre Peperoncini und verwenden diese viel und gern. In dem kleinen kalabresischen Küstenort Diamante findet schon seit 1990 jedes Jahr im September ein Peperoncino-Festival statt. Organisiert wird es von der „Accademia italiana del peperoncino" (www.peperoncino.org). Ja, auch die gibt es! Sie hat ihren Sitz ebenfalls in Diamante.

J

JAPAN

Der japanischen Küche geht es um unverfälschten Geschmack. Die übertönende Schärfe von Chilis will da nicht so recht hineinpassen. Allerdings werden in Japan milde Shishitou-Paprika grün angebraten – ähnlich den ‚Pimientos de Padrón' in Spanien, und es finden sich auch so manche scharfe Sorten. Diese landen

SEITE 112 >>

JALAPEÑO

- Gattung: Capsicum annuum
- Schärfegrad: leicht scharf bis mittelscharf
- Kultur: gleichermaßen gut geeignet für Glas- und Folienhaus, Töpfe und Freiland
- Wuchshöhe: im Freiland und im Topf bis zu 60 Zentimeter, im Glas- oder Folienhaus bis zu einem Meter
- Pflanze: aufrechter, schlanker Wuchs // dunkelgrüne, spitz zulaufende Blätter // Blüten regelmäßig innen an der Pflanze liegend verteilt
- Farbe: von Dunkelgrün auf Rot abreifend // in vollster Reife mit deutlich erkennbarer Korkenbildung
- Frucht: wie kleine, dicke Zigarren, rot mit leichter, weißer Korkenbildung, die wie weiße Strichlinien aussieht // dickfleischig // wachsen hängend // bis zu acht Zentimeter lang
- Geschmack: extrem fruchtig, leicht nach grünen Walnüssen und nach der Schale von Camembert // äußerst elegante Kombination aus Schärfe und Aromen // sehr voll im Geschmack mit angenehmer Schärfe
- Reife und Ernte: früh reifend // sehr ertragreich

Die Jalapeños sind weltweit die am meisten verkauften und gegessenen Chilis. Sie werden sowohl unreif als auch reif verarbeitet. Ihren Ruhm haben die Früchte verdient. Schärfe und Aromen stehen in einem ausgewogenen Verhältnis zueinander, sie sind sehr fruchtig und haben eine nicht-aggressive, gut verträgliche Schärfe, die ihren anderen Aromen viel Spielraum zur Entfaltung lässt. Heute gibt es sie in den verschiedensten Züchtungen, die sich in unterschiedlicher Länge, Dicke und Farbe niederschlagen. Es gibt Jalapeño-Sorten, die besonders früh, und solche, die besonders spät reifend sind – und natürlich alles dazwischen.

<< SEITE 108

zum Beispiel in der Präfektur Niigata in der bekannten Kanzuri-Sauce. Diese ist bekannt, weil die Chilis dafür gelagert, im Winter dann für ein paar Tage in Schnee eingepackt und erst danach mit Yuzu-Zitrone und anderen Würzmitteln zur fertigen Paste fermentiert werden. Chili findet sich auch im japanischen „Shichimi Togarashi", wörtlich übersetzt „Sieben-Gewürz-Chilipfeffer", einer Gewürzmischung aus sieben Zutaten, nämlich grob gemahlenem, rotem Chili, Sesam-, Hanf- und Mohnsamen, Mandarinenschale, Nori-Algen und gemahlenem „Sancho", einer Art Szechuanpfeffer.

K

KAROTTE

Oft verstecken sich hinter unschuldig klingenden Namen echte Schärfebomben. Die Chilisorte ‚Bulgarische Karotte' ist das beste Beispiel dafür. Sie gleicht einer Karotte in Form, Farbe und Größe. Dazu kommt noch, dass sogar ihr Stängel das matte, helle Grün von Karottenlaub hat. Was aber ihren Geschmack angeht, hat sie mit der Milde und Süße von Karotten nicht das Geringste zu tun. Im Gegenteil: Sie ist eine klare 10 auf der üblicherweise gebrauchten zehnteiligen Schärfeskala für Chilis. Die ‚Bulgarische Karotte' bringt so sogar echte Chilifreaks zum Schwitzen. Ich habe auch schon hart gesottene Schärfe-Fans nach dem Genuss eines winzigen Stückchens der heißen Karotte hysterisch aufspringen und keuchend, fluchend und nach Luft ringend nach draußen rennen sehen. Die Tränen standen ihnen in den Augen. Lassen Sie sich also nicht durch einen klingenden Namen blenden. Vor der ‚Bulgarischen Karotte' muss man sich wirklich in Acht nehmen.

>> Capsaicin >> Fingerspitzen >> Gebärmutter
>> Mikrowelle >> Skala

KEIMEN

>> Anzucht

KERNE

Die Kerne von Chilis und Paprika sehen nicht alle gleich aus. Unterschiedlich groß sind sie auch, wenn es auch selten welche gibt, die größer sind als einen halben Zentimeter. Die meisten sind linsengroß oder kleiner, weiß und flach – wie ovale Scheiben, die zum Rand hin noch etwas flacher werden. Eine Art allerdings, nämlich Capsicum pubescens, hat schwarze Kerne. Die bekanntesten Vertreter dieser Art sind die Rocoto-Sorten. Bei manchen davon habe ich beobachtet, dass die Kerne nicht nur schwarz sind, sondern auch schüsselförmig aufgebogen. Es gibt auch eine kleine Faustregel zum Thema Kerne: Je größer die Kerne, umso milder die Früchte.

KLARSICHTFOLIE

Wenn man die Keimung von Chilisamen beschleunigen möchte, empfiehlt es sich, die fertig befüllten Aufzuchtschalen mit Klarsichtfolie abzudecken. Man

macht mit einer Nadel ein paar Luftlöcher in die Folie. Darüber sollte man auch noch ein Stück Kartoffel- oder Zwiebelnetz legen, damit das Licht gebrochen wird und die blutjungen Keimlinge nicht verbrennen. Es ist ein lustiges Paradoxon: Chilikeimlinge brauchen unbedingt viel Licht, müssen aber gleichzeitig vor zu viel direkter Sonne geschützt werden. Wenn die Keimlinge allerdings ca. sechs bis acht Zentimeter groß sind und zwei Blätter haben, gehört sowohl die Klarsichtfolie als auch die Beschattung entfernt.
Samen, die auf diese Weise abgedeckt werden, brauchen in der Regel nicht gegossen zu werden, bis sie pikiert und weiterverpflanzt werden. Die Feuchtigkeit vom Angießen, die an der Folie kondensiert, reicht meistens vollkommen aus.

>> Anzucht >> Aussaat >> Wärme

KÖNIGSBLÜTE

Als Königsblüte bezeichnet man die erste Blüte einer Chili- oder Paprikapflanze. Sie sitzt genau in der Mitte der Stielachse der ersten Verzweigung, die die Pflanze ausbildet. Unter Berufs- und Hobbygärtnern herrscht allgemein die Meinung vor, dass man die Königsblüte entfernen solle, damit sich die anderen Blüten der Pflanze schön entwickeln können. Ich kann dieser Meinung nichts abgewinnen und praktiziere das auch nicht. Mein Eindruck ist, dass es nicht den geringsten Unterschied macht.
Wenn es einen Grund gibt, die Königsblüte zu entfernen, dann wäre es ein anderer: Die Frucht, die sich aus der Königsblüte entwickelt, ist oft in ihrer Stielachse so eingezwickt, dass es manchmal fast unmöglich ist, sie zu ernten, ohne dabei die Pflanze massiv zu verletzen. Das spricht dafür, die Blüte zu entfernen.

>> Beidhändig >> Blüten

KÖRPERGERUCH

Im Allgemeinen gelten die Blätter von Chili- und Paprikapflanzen – anders als etwa bei Paradeiserpflanzen – als weitgehend geruchlos. Jedoch erkennt man manche Sorten deutlich am Geruch der Früchte. Es gibt übrigens auch Länder, in denen werden nicht die Chilifrüchte, sondern auch die Blätter gegessen – zum Beispiel auf den Philippinen oder in Korea.

>> Blätter

KÜHLSCHRANK

Anders als Paradeiser, die nicht in den Kühlschrank gehören – sondern in eine kühle, dunkle Speisekammer –, kann man Chilis und Paprika aus dem Garten durchaus im Gemüsefach des Kühlschranks aufbewahren. Sie halten dort wochenlang ohne größeren Aroma-Verlust. Nur in einen Plastiksack sollten sie nicht eingepackt sein, weil sie dann zu schwitzen und zu faulen beginnen. Dort, wo die Chilis ursprünglich herkommen, haben die Früchte selbst traditionell die Rolle eines Kühlschranks, sprich: Sie werden verwendet, um Speisen haltbar zu machen. Der große Vorteil ist, dass Insekten den mit Chili eingeriebenen Speisen fernbleiben.
Es gibt aber auch Stimmen, die das in Frage stellen. Unbestritten ist aber Folgendes: Chili besitzt eine antibakterielle Wirkung, und es gibt gerade auch aus tropischen Gegenden viele Fleischrezepte, in denen Chili eine große Rolle spielt.

SEITE 118 >>

KAPIA YAK BIBERI

- Gattung: Capsicum annuum
- Schärfegrad: süß
- Kultur: gleichermaßen gut geeignet für Glas- und Folienhaus, Töpfe und Freiland
- Wuchshöhe: im Freiland und im Topf bis zu 50 Zentimeter, im Glas- oder Folienhaus bis zu einem Meter
- Pflanze: aufrechter, schmaler Wuchs mit oben schirmförmig ausladenden Zweigen // dunkelgrüne, spitz zulaufende Blätter // Blüten sind an den Schirmenden der Zweige verteilt
- Farbe: von Dunkelgrün auf glänzendes Rot abreifend
- Frucht: die Früchte sind lang, kegelförmig, glatt und sehr glänzend // mittel dickwandig // wachsen hängend // bis 17 Zentimeter lang
- Geschmack: süß, beerig, saftig
- Reife und Ernte: mittelfrüh reifend // reich tragend

Die Kapia-Paprika, bei uns besser bekannt als Spitzpaprika, sind eine Gruppe von süßen Paprika, die aus der südosteuropäischen Küche – vom Balkan über Ungarn und Bulgarien bis nach Russland – nicht wegzudenken sind. Sie werden roh gegessen, häufig gegrillt, enthäutet und mit Essig, Öl und viel Knoblauch mariniert oder auch für Eintöpfe verwendet. In Österreich hat es in den 1970er Jahren im Burgenland einen starken Anbau dieser Sorte gegeben. Damals wurden die Kapia-Sorten gern für Paprikasalat verwendet. Serviert wurde dieser zur farblichen Dekoration oft auf grünen Salatblättern und spielte in derselben, heute nur mehr belächelten Liga wie der mit Ananasscheibe dekorierte „Toast Hawaii“ oder das ähnlich malträtierte „Hawaii-Schnitzel“. Die Kapia-Paprika kann man für diese kulinarischen Irrwege natürlich nicht verantwortlich machen. Sie sind äußerst vielfältig einsetzbare Früchte, die noch dazu den Vorteil haben, auch in mariniertem und gekochtem Zustand nicht matschig zu werden.

KITCHEN PEPPER

- Gattung: Capsicum annuum
- Schärfegrad: leicht scharf bis mittelscharf
- Kultur: gut geeignet für Glas- und Folienhaus, Töpfe und Freiland
- Wuchshöhe: im Freiland und im Topf ca. 60 Zentimeter, im Glas- oder Folienhaus bis zu einem Meter
- Pflanze: locker wachsende Pflanze mit relativ dünnen Ästen // dunkelgrüne, spitz zulaufende Blätter // Blüten regelmäßig über die ganze Pflanze verteilt
- Farbe: von Grün auf Rot abreifend
- Frucht: klassischer kleiner Blockpaprika mit vielen Unregelmäßigkeiten // dünnfleischig // wachsen hängend und stehend // sechs bis acht Zentimeter lang
- Geschmack: anfangs süß, dann ins Scharfe übergehend // fruchtig mit leicht metallischer Note, die entfernt – und durchaus positiv gemeint – an den Geschmack von Blut erinnert
- Reife und Ernte: relativ früh reifend // sehr reich tragend

‚Kitchen Pepper' wird häufig zur Herstellung von Pulver verwendet. Die Früchte hingegen passen hervorragend zu Fisch und haben in dieser Kombination eine lange Tradition.

LACK

Wenn die Blätter einer Chili- oder Paprikapflanze langsam immer mehr zu glänzen beginnen, als hätte man sie lackiert, dann ist es das erste Anzeichen dafür, dass sich unter den Blättern Läuse befinden. Das muss man sofort behandeln. Unternimmt man in diesem Anfangsstadium nichts, ringeln sich die Blätter ein, die Behandlung wird immer schwieriger und die Pflanze geschwächt.

>> Blätter >> Bunte Kleider >> Feinde >> Niemöl

LAGERUNG

>> Auffädeln >> Kühlschrank >> Nylons >> Zöpfe

LÄNGS UND QUER

Die oft gehörte Behauptung, dass Chilis, wenn sie der Länge nach aufgeschnitten werden, weniger scharf schmecken, als wenn man sie quer in Ringe schneidet, hat einen wahren Kern. Beim Längsschneiden, wenn man dieselbe Technik anwendet wie beim Schälen einer Orange, kommt das Messer mit den besonders scharfen Kernen und Scheidewänden am wenigsten in Berührung und überträgt somit weniger Schärfe auf das Fruchtfleisch, als wenn man den Chili quer aufschneidet und dabei immer auch die Innereien verletzt. Aus ihnen tritt am meisten Capsaicin aus, jener Stoff, der Chilis scharf macht.

>> Capsaicin

LÄUSE

>> Lack

LEITER

Da Chilipflanzen – je nach Sorte – unterschiedliche Höhen entwickeln, ist es zu empfehlen, die Pflanzen zu stützen und hochzubinden. Sie können zwischen 20 Zentimetern und mehreren Metern hoch werden. Die optimale Kletterhilfe ist die so genannte Chilileiter, die sich besonders bewährt, wenn man mehrere Pflanzen in einer Reihe gesetzt hat. Eine Chilileiter, an der man fünf Pflanzen gleichzeitig hochklettern lassen kann, funktioniert folgendermaßen: Sie besteht aus zwei Metall- oder Holzstäben. An jedem dieser Stäbe sind in 50-Zentimeter- Abständen kleine Quersprossen montiert. Die Stäbe stellt man im Abstand von zwei Metern in zwei Pflanzenreihen und verbindet die Enden der Quersprossen Ebene für Ebene mit Schnüren. So entsteht im Endeffekt eine Art längliches Rechteck aus Schnüren und Stäben, innerhalb dessen die Pflanzen höher werden können. Allerdings spannt man die Schnüre der nächst höheren Ebene erst, wenn die Pflanzen in ihrem Wachstum die entsprechende Höhe erreicht haben. Dabei biegt man weit auskragende Zweige vorsichtig in das Innere des Schnurgeflechts hinein. Natürlich geht es auch einfacher. Man kann die Pflanzen auch wie Paradeiser einzeln an einem Stock hochziehen.

>> Hochbeet >> Topf

LIMO

- Gattung: Capsicum chinense
- Schärfegrad: scharf bis sehr scharf
- Kultur: gut geeignet für Töpfe und für Glas- und Folienhaus
- Wuchshöhe: im Topf ca. 40 Zentimeter, im Glas- oder Folienhaus bis zu 80 Zentimeter
- Pflanze: kompakter, wenig ausladender Wuchs // grüne, in abgerundete Spitzen auslaufende Blätter // Blüten stehen in dichten Büscheln im Herz der Pflanze
- Farbe: von Dunkelgrün auf Gelb abreifend
- Frucht: unregelmäßig torpedoförmig mit stumpfer Spitze // extrem dünnfleischig // wachsen hängend // vier Zentimeter lang
- Geschmack: fruchtig, tropisch mit leichter Melonen- und Bananennote
- Reife und Ernte: mittelfrüh reifend // äußerst reich tragend

LINGUA DI FUOCO

- Gattung: Capsicum annuum
- Schärfegrad: scharf bis sehr scharf
- Kultur: gleichermaßen gut geeignet für Glas- und Folienhaus, Töpfe und Freiland
- Wuchshöhe: im Freiland und im Topf bis zu 50 Zentimeter, im Glas- oder Folienhaus bis zu 80 Zentimeter
- Pflanze: stark verzweigte, zarte Pflanze // dunkelgrüne, spitz zulaufende Blätter // Blüten wachsen büschelweise über die ganze Pflanze verteilt
- Farbe: von Grün zu Rot abreifend
- Frucht: spitz zulaufend, kegelförmig und leicht gewellt // dünnfleischig // wachsen stehend // vier bis fünf Zentimeter lang
- Geschmack: betont säuerlich mit wenig Fruchtaromen, aber mit einem aggressiven, äußerst scharfen Pfefferoni-Geschmack
- Reife und Ernte: mittelspät reifend // sehr reich tragend

MALKASTEN

Was Chilis und Paprika auszeichnet, sind die leuchtenden Farben ihrer Früchte. Das Farbspektrum der verschiedenen Sorten reicht von knallrot über orange, dottergelb und zitronengelb bis zu blassrosa, lila, violett, braun, purpur und schwarz bis zu fast weiß, cremefarben und grünlich-beige. Und alle diese Farben kommen in einer Vielzahl von unterschiedlichen Nuancen vor. Dazu gibt es zweifarbige, gestreifte, marmorierte, gesprenkelte und melierte Sorten.

>> Ernte >> Grün >> Spitz & rund >> Süß >> Violett

MARMELADE

„Sweat heat" – wie das Schlagwort lautet – ist in den letzten Jahren zu einem veritablen Trend geworden. Tatsächlich ist die Kombination von süßem und scharfem Geschmack natürlich keine Neuerfindung, sondern hat eine lange Tradition – zum Beispiel in Italien. Reizvoll ist sie allemal: Die Schärfe nimmt dem Zucker seine vordergründige, manchmal aufdringliche Süße. Umgekehrt mildert der Zucker die Aggressivität der Chilischärfe.
Es gibt zahlreiche Möglichkeiten, Chili mit süßen Geschmäckern zu verbinden. Neben Zucker und Schoko-

SEITE 134 >>

MADAME JEANETTE

- Gattung: Capsicum chinense
- Schärfegrad: scharf bis sehr scharf
- Kultur: gut geeignet für Töpfe und für Glas- und Folienhaus
- Wuchshöhe: im Topf 60 bis 80 Zentimeter, im Glas- oder Folienhaus bis zu einem Meter
- Pflanze: baumartiger, locker verzweigter Wuchs mit kräftigen Zweigen // hellgrüne, herzförmig gewellte Blätter // Blüten sind gruppenweise im Zentrum der Pflanze angeordnet
- Farbe: von Hellgrün über Hellgrün-Gelb auf Gelb abreifend
- Frucht: die Früchte zeigen eine stark in die Länge gezogene Habanero-Form mit sehr deutlichen Rillen und angedeutetem Fruchtspitz // dünnfleischig // wachsen hängend // bis zu acht Zentimeter lang
- Geschmack: zitronig mit typisch seifig-dieseligem Habanero-Aroma und zusätzlichem Flieder-Lavendel-Ton
- Reife und Ernte: sehr spät reifend // mittelreich tragend

‚Madame Jeanette' ist die Exzentrikerin unter den Habaneros. Die Form ihrer Früchte ist nicht ganz typisch, man könnte sie sogar als ziemlich aufgeblasen bezeichnen. Deutlich größer als übliche Habaneros setzt sich ‚Madame Jeanette' selbstbewusst an die Spitze. Ihr Geschmack hingegen ist gruppen-typisch. Die gelbe Schöne hat allerdings ein Manko, das nicht verschwiegen werden darf: Anders als andere Habaneros neigen ihre Früchte, wenn sie zu viel Wasser abbekommen, zum Faulen. Das hängt mit dem lang gezogenen Fruchtfleisch dieser Sorte zusammen.

MARBLES

- Gattung: Capsicum annuum
- Schärfegrad: leicht scharf bis mittelscharf
- Kultur: gleichermaßen gut geeignet für Glas- und Folienhaus, Töpfe und Freiland
- Wuchshöhe: im Freiland und im Topf bis zu 30 Zentimeter, im Glas- oder Folienhaus bis zu 60 Zentimeter
- Pflanze: kompakt dichter, schirmförmiger Wuchs // kleine, matt-dunkelgrüne Blätter // Blüten sind dicht und gleichmäßig über die ganze Pflanze verteilt
- Farbe: von weißlichem Gelb über Orange zu Rot abreifend
- Frucht: die kleinen Früchte sind kugelig rund // dünnfleischig mit dominantem Kerngehäuse // wachsen aufrecht stehend // ein bis zwei Zentimeter im Durchmesser
- Geschmack: fruchtig mit intensivem Mohnton und zurückhaltender, leichter Schärfe
- Reife und Ernte: sehr früh reifend // äußerst reich tragend mit Hunderten Früchten an einer Pflanze

Sorten wie ‚Marbles' sind sehr dekorative Pflanzen, die auch mit kleinen Töpfen gut zurechtkommen und daher auf Balkon oder Fensterbank wahre Augenweiden sind.

MINIATURE YELLOW

- Gattung: Capsicum annuum
- Schärfegrad: süß
- Kultur: gut geeignet für Freiland, Töpfe und für Glas- und Folienhaus
- Wuchshöhe: im Freiland und im Topf bis zu 60 Zentimeter, im Glas- oder Folienhaus bis zu 140 Zentimeter
- Pflanze: stark verzweigter und ausladender Wuchs // grüne, spitz zulaufende Blätter // Blüten einzeln regelmäßig über die ganze Pflanze verteilt
- Farbe: von Hellgrün in flächigen Etappen auf Hellgelb bis Dunkelgelb abreifend
- Frucht: rundlich wie große Herzkirschen // mittel dickfleischig // wachsen hängend und aufrecht // drei bis vier Zentimeter Länge
- Geschmack: sehr süßlich und geschmackvoll nach Honig und Apfel, vor allem nach der Sorte ‚Golden Delicious'
- Reife und Ernte: mittelfrüh reifend // reich tragend

Miniaturformen wie diese sind moderne Züchtungen. Neben Gelb und Rot hat sich auch Schokoladenbraun etabliert. Wegen ihrer handlichen Größe sind sie in der Spitzengastronomie sehr beliebt. Auch die Industrie verwendet sie gerne, um sie mit Käse gefüllt in den Lebensmittelverkauf zu bringen. In dieser Variante sind sie das süße Pendant zum gefüllten, scharfen Kirschpfefferoni.

MUSHROOM RED

- Gattung: Capsicum chinense
- Schärfegrad: scharf bis sehr scharf
- Kultur: gut geeignet für Töpfe und für Glas- und Folienhaus
- Wuchshöhe: im Topf bis zu 80 Zentimeter, im Glas- oder Folienhaus bis zu 120 Zentimeter
- Pflanze: ausladender Wuchs mit filigranen Zweigen // dunkelgrüne, herzförmige Blätter // Blüten dicht und regelmäßig über die ganze Pflanze verteilt
- Farbe: von Grasgrün auf Knallrot abreifend
- Frucht: die Früchte sind leicht in sich gedreht und ähneln in ihrer witzig verschrumpelten Kegelform den Hauben der Schlümpfe // dünnwandig // wachsen hängend an langen, dünnen Stielen, die manchmal ihrerseits in sich gedreht sind // vier bis fünf Zentimeter Länge
- Geschmack: deutliches Paprikaaroma, nussig und stark nach Pistazie
- Reife und Ernte: mittelfrüh reifend // sehr reich tragend mit Hunderten Früchten

Mushroom-Chilis sind eine Chili-Gruppe, die ihren Namen nicht umsonst trägt. Man denkt bei ihrem Anblick tatsächlich sofort an Pilze. Die Gruppe bringt Früchte in unterschiedlichen Formen und Farben hervor – gelb und rot, aber auch orange. Mushroom-Chilis haben noch eine weitere Besonderheit: Die Gebärmutter in ihrem Inneren, die die größte Schärfe trägt, liegt so weit abseits, dass man sich beim Verkosten lange mit den verschiedenen anderen Aromen beschäftigen kann, bevor man es mit der Schärfe zu tun bekommt.

<< SEITE 124

lade bieten sich wunderbar auch Früchte wie Marille, Quitte oder Apfel dafür an. Durch die Mischungsverhältnisse kann man außerdem selbst bestens bestimmen, wie viel Schärfe man gerne haben möchte.
Eine Kombination, die ich sehr gerne habe, ist die Verbindung von süßem Paprika, Zucker und Chili. Hier zwei meiner Lieblingsrezepte:

PARADEISPAPRIKA MIT CHILI

Zutaten:
800 g süße, entkernte und geputzte rote Paradeispaprika
200 g entstielte Santa-Fe-Chilis (oder andere leicht oder mittelscharfe Chilis nach Geschmack)
300 g Zucker
30 g Apfelpektin

Paradeispaprika und Chilis unter Zugabe von ein bis zwei Teelöffeln Zucker langsam in einer Zuckerpfanne karamellisieren und rösten. Anschließend mit einer Küchenmaschine zerkleinern, sodass ein grobes Mus mit Fruchtstückchenanteilen entsteht. Das Pektin mit dem restlichen Zucker kalt verrühren, in die abgekühlte Paprika-Chili-Masse einheben und einmal kurz aufkochen lassen. Die kochende Masse in saubere Marmeladegläser füllen und sofort verschließen.

HONIG MIT CHILI

Zutaten:
Honig
drei fingergroße, reife Chilischoten von einer sehr scharfen Sorte (Habaneros eignen sich besonders gut dafür)

Die frischen, gewaschenen und abgetropften – sprich: trockenen – Chilis in ein Glas geben und dieses mit einem Blütenhonig der eigenen Wahl auffüllen. Anschließend das Honigglas mit den Chilischoten pasteurisieren. Dadurch kristallisiert der Honig nicht mehr und die frischen Chilis werden haltbar gemacht. Der Zucker des Honigs entzieht dabei den Chilis das Wasser und macht den Honig dadurch angenehm flüssig. Gleichzeitig trocknen die Chilis im Honig extrem ein. Der Honig nimmt nur einen kleinen Teil der Chilischärfe auf, jedoch die Chilischoten, deren Wasser der Honig entzogen hat, werden unvergleichlich scharf.
Dieser Chilihonig eignet sich hervorragend zum Marinieren von Salat – anstelle von Zucker. Ebenso passt er bestens zu Weichkäse. Mit ihm lässt sich gegrilltes Fleisch geschmacklich wunderbar abrunden, und in Kombination mit griechischem Joghurt (zehn Prozent Fettanteil) ergibt er eine ebenso simple wie fantastische Süßspeise. Natürlich kann man sich ihn einfach auch nur aufs Butterbrot streichen oder Tee damit süßen.

MEHRJÄHRIG

Chilis und Paprika sind mehrjährige Pflanzen. Das Überwintern ist jedoch sehr mühsam und lohnt sich in unseren Breitengraden bei den meisten Sorten nicht wirklich. Sehr wohl kann man aber Pflanzen, die in Töpfen wachsen, ohne viel Aufwand bis in den Dezember weiter beernten, wenn man sie vor dem ersten Frost hereinholt und auf eine sonnige Fensterbank oder in den Wintergarten stellt. Das grundsätzliche Problem des Überwinters besteht nicht im Wärmebedürfnis der Chilipflanzen, da im Winter sowieso geheizt wird und man sie ja hereinholen kann. Das Problem ist der Lichtmangel in den Wintermonaten. Um Chilis und Paprika bei uns erfolgreich über die kalte Jahreszeit zu bringen, bräuchte man eine spezielle Pflanzenlampe – ein Aufwand, der zumeist in keiner Relation steht.

>> Eisheilige >> Frost >> Topf

MEXIKO

Mexiko ohne Chilis ist wie Japan ohne Kirschblüte oder Kanada ohne Ahornsirup. In den meisten Gerichten der mexikanischen Küchen, seien es traditionelle oder moderne, spielen Chilis eine Rolle. Oft nicht nur eine Sorte, sondern gleich mehrere. Die einzelnen Regionen des Landes kennen alle ihre lokalen Chilisorten mit den dazugehörigen regionalen Rezepten. Das ist keine rezente Entwicklung, sondern eine, die sich über Jahrhunderte, nein: Jahrtausende entwickelt hat. Es gibt archäologische Funde, die beweisen, dass schon die großen, alten Zivilisationen Mittelamerikas Chilis verwendet haben. Aus späterer Zeit gibt es Berichte europäischer Kolonisatoren, die von der großen Vielfalt verschiedener Chilisorten auf den Märkten der Azteken erzählen. Von den Azteken hat sich auch eine Darstellung erhalten, die eindringlich zeigt, dass sie Chilis nicht nur in der Küche, sondern auch für ganz andere Zwecke verwendeten: einmal zur Disziplinierung und Abhärtung ihrer Kinder, die man über den Rauch brennender Chilischoten hielt. Zum anderen für eine frühe Form der Kriegsführung mithilfe von Chili-Giftgas.

MIKROWELLE

Menschen, die mit Chilis hantieren, ohne viel Erfahrung mit ihnen zu haben, verstricken sich nicht selten in ebenso skurrile wie ziemlich gefährliche Unfälle. Ein besonders haarsträubendes Beispiel eines Wieners sei hier erzählt – aber gewiss ist er bei weitem nicht der Einzige, der bereits auf diese Idee verfallen ist. Der Mann wollte scharfe Chilis trocknen und wählte zur Beschleunigung des Vorgangs seine Mikrowelle. Was denken Sie hatte das zur Folge? Ein paar Häuserblocks mussten evakuiert werden, waren wochenlang nicht bewohnbar, und er selbst war von seiner Idee so zu Tränen gerührt, dass die Feuerwehr den halb blind durch seine Wohnung irrenden Mann – mitsamt seinen ebenfalls vor Chilischärfe schluchzenden Nachbarn – retten musste. Die erste Vermutung ging in Richtung Tränengasanschlag. Also Finger weg von der Mikrowelle, wenn es ums Trocknen von Chilis geht!

>> Auffädeln >> Backrohr >> Pulver

NACHBARN

Am liebsten bleiben Chili- und Paprikapflanzen unter sich. Sie sind sich gegenseitig die besten Nachbarn und leben auch sehr gerne eng beieinander. An dieser Stelle kann man gleich ein Gerücht zerstreuen, das sich erstaunlich hartnäckig hält: Es besagt, dass scharfe Chilis milde Gewürzpaprika quasi mit ihrer Schärfe anstecken, wenn man die Pflanzen nebeneinander setzt. Das ist im ersten Jahr der Ernte nicht möglich. Würde man jedoch die Samen verschiedener Sorten und Schärfegrade von einem solchen gemischten Anbau nehmen und im nächsten Jahr erneut anbauen, dann könnten sich die unterschiedlichen Sorten durchaus verkreuzt haben und Mischfrüchte in Formen und Schärfegraden hervorbringen.
Aber zurück zu guten Nachbarschaften: Chili- und Paprikapflanzen vertragen sich besonders gut mit Karotten und Petersilie. Ein Nachbar, der ihnen sogar

SEITE 140 >>

NASO DI CANE

- Gattung: Capsicum annuum
- Schärfegrad: leicht scharf bis mittelscharf
- Kultur: gut geeignet für Freiland, Töpfe und für Glas- und Folienhaus
- Wuchshöhe: im Freiland und im Topf bis zu 60 Zentimeter, im Glas- oder Folienhaus bis zu einem Meter
- Pflanze: kräftiger, aufrechter, wenig verzweigter und kaum ausladender Wuchs // dunkelgrüne, spitz zulaufende Blätter // Blüten innen und außen liegend auf der ganzen Pflanze verteilt
- Farbe: von Grün über verschiedene Rotbrauntöne zu leuchtendem Rot abreifend
- Frucht: gedrungene, glatte Früchte in stumpfer Kegelform // mittel dickfleischig // wachsen hängend und stehend // bis acht Zentimeter lang
- Geschmack: fruchtig betont mit Beerenaroma, vor allem mit Kirsch- und Weichseltönen
- Reife und Ernte: früh reifend // reich tragendn

‚Naso di Cane' ist eine klassische italienische Sorte. Ihr Name bedeutet übersetzt Hundenase, und tatsächlich stehen die Früchte fürwitzig wie gerötete Schnuppernasen aus dem Blattwerk der Pflanze hervor. Die Sorte eignet sich für alle Gerichte, denen man eine deutliche Chilinote ohne übertriebene Schärfe verleihen will. Zu Fischgerichten passt ‚Naso di Cane' besonders gut. Auch den Versuch eines Chilirisottos wäre diese Sorte allemal wert.

NUMEX SUNBURST

- Gattung: Capsicum annuum
- Schärfegrad: scharf bis sehr scharf
- Kultur: gut geeignet für Freiland, Töpfe und für Glas- und Folienhaus
- Wuchshöhe: im Freiland und im Topf bis zu 60 Zentimeter, im Glas- oder Folienhaus bis zu 80 Zentimeter
- Pflanze: kompakt aufrecht wachsende Pflanze // dunkelgrüne, spitz zulaufende Blätter // Blüten in isolierten Büscheln über die ganze Pflanze verteilt
- Farbe: von Dunkelgrün auf Orange abreifend
- Frucht: klassischer Büschelpfefferoni, die Früchte sehen aus wie kurze Fisolen // dünnwandig // wachsen stehend // ca. fünf Zentimeter lang
- Geschmack: klassische, trockene Schärfe mit starkem Fliederton; die Schärfe kommt langsam
- Reife und Ernte: früh reifend // reich tragend

Die Sorte stammt vom bekannten „The Chile Pepper Institute" im US-Bundesstaat New Mexico, traditionellerweise ein Ort, an dem viele neue Chilisorten gezüchtet werden.

<< SEITE 135

beinah schon therapeutische Hilfe leistet, ist Sellerie, denn der Geruch von Sellerieblättern ist so intensiv, dass Läuse erst gar nicht auf die Idee kommen, Chili- und Paprikapflanzen zu befallen. Auch Knoblauch und Zwiebel sind gute Nachbarn für Chili und Paprika. Obwohl Paradeiser ebenso Nachtschattengewächse sind, eignen sie sich nicht besonders gut als Nachbarn, da sie unterschiedliche Ansprüche ans Gießen stellen: Im Freiland braucht man Paradeiser so gut wie gar nicht zu gießen, Chilis und Paprika hingegen sehr wohl.

>> Abstand >> Durst >> Einzelkämpfer >> Feinde >> Standort

NACHREIFEN

>> Frost

NACHTSCHATTENGEWÄCHSE

Paprikas und Chilis gehören zur großen Familie der Nachtschattengewächse, zu der auch andere wesentliche Kulturpflanzen wie Kartoffeln, Paradeiser oder Melanzani gehören. Ihre Blätter enthalten in geringen Mengen das nachtschattengewächstypische Solanin, eine leicht giftige Verbindung. Vor allem bei Kindern kann deswegen der Verzehr der Blätter von Chili- oder Paprikapflanzen zu Übelkeit und Brechreiz führen.

>> Beeren

NARBEN

Für die Früchte mancher Chili- und Paprikasorten ist es typisch, dass sie zur Reife hin Narben bekommen. Der Fachmann nennt das Korkenbildung. Die Narben ähneln dünnen gestrichelten Rissen, manchmal sehen sie auch wie ein feines Häkelmuster aus weißlich-braunem Zwirn aus. Die wohl bekannteste Chilisorte mit diesem Merkmal ist der ‚Jalapeño'. Beeindruckend schön ist diese Zeichnung bei der Sorte ‚Vesena', einem etwa 20 Zentimeter langen, dunkelroten Spitzpfefferoni, der deswegen auch den Beinamen ‚Elefantenrüssel' bekommen hat.

>> Ernte

NIEMÖL

Chilipflanzen haben oft Läuse, vor allem Jungpflanzen. Damit sich Pflanze und Früchte gut entwickeln können, muss man schnell darauf reagieren. Neben geringelten und glänzenden Blättern (>> Lack) sind auch Marienkäfer und Ameisen, die plötzlich auf den Pflanzen auftauchen, ein untrüglicher Hinweis darauf, dass die Pflanze verlaust ist. Zwei, drei Tage kann man dann noch beobachten, ob es den Marienkäfern gelingt, die Läuse in den Griff zu bekommen. Danach aber spätestens muss man eingreifen. Ein erster milder Gegenangriff ist das Besprühen der Blätter mit kaltem Wasser. Damit gelingt es mitunter, die Läuse in die Flucht zu schlagen. Wenn die Pflanzen noch klein sind, kann man die saugenden Schädlinge auf der Unterseite der Blätter auch mit einem Schminkpinsel abstreifen – aber Achtung: Dafür muss man die Pflanze auf den Kopf gestellt halten, weil die Läuse sonst direkt nach unten in die Topferde fallen und gleich wieder den Weg zurück zur Pflanze suchen. Wenn das alles nichts nützt, muss man massivere Geschütze auffahren; und zwar in Form des Besprühens mit einer Niemöl-Lösung. Die besorgt man sich am besten bei der auf biologischen Pflanzenschutz spezialisierten Wiener Firma „Biohelp" (www.biohelp.at).

>> Blätter >> Feinde >> Lack

NYLONS

Chilisamen sind sehr anfällig für Mottenfraß, und zwar unabhängig davon, ob es sich um scharfe oder milder schmeckende Samen handelt. Motten haben ein mexikanisches Temperament und schrecken auch vor Schärfe 10 nicht zurück. Was sie aber erfolgreich fernhält, sind feinmaschige Damenstrumpfhosen aus Nylon. Man füllt die getrockneten Samen einfach ein und bindet den Strumpf oben und unten mit einem Knoten eng ab. Zusätzlicher Vorteil: Die Samen sind in den Nylons gut belüftet und beginnen nicht zu schimmeln. Optimal lagert man diese Samensäckchen aufgehängt in luftigen, trockenen Dachböden, auf Stiegengeländern oder unter Deckenbalken. Die Lagerung der Samen in verschraubten Gläsern oder verklebten Papiertüten ist natürlich auch möglich, allerdings bleiben die Samen nicht ganz so lange keimfähig wie in den Nylonstrümpfen.

>> Alter >> Samengewinnung

OHNMACHT

Was für die mediale Berichterstattung besonders viel hergibt, sind Chili-Wettessen, die auch in Deutschland regelmäßig stattfinden. Dabei werden Chilis ansteigender Schärfegrade verkostet und ausgetestet, wie weit und wie viel jeder der Teilnehmenden davon essen kann. Dabei kommt es immer wieder vor, dass der eine oder andere von der Schärfe ohnmächtig geworden zu Boden sinkt. Ich halte von solchen Schärfe-Marathons wenig bis gar nichts, weil sich herausgestellt hat, dass meistens Menschen als Sieger daraus hervorgehen, die – genetisch bedingt – kein oder nur sehr wenig Schärfeempfinden besitzen. Damit ist die Sache in Wirklichkeit reizlos. Außerdem trägt sie zumeist in keiner Weise dem Umstand Rechnung, dass Chilis nicht nur scharfe, sondern auch sehr aromatische und geschmacklich vielfältige Früchte sind. Für Chiligourmets sind solche Wettessen kein Thema.

>> Capsaicin >> Fingerspitzen >> Skala

ÖL

Es gibt verschiedene Möglichkeiten Chiliöle herzustellen. Am einfachsten ist es, getrocknete Chilischoten in Öl zu legen, wobei die Früchte das Öl nach einigen Wochen scharf machen. Ich habe aber auch beobachtet, dass solche Öle oft in leicht ranzigem Zustand serviert werden, da die gewählten Gebinde meist viel zu groß sind, als dass man sie innerhalb eines halben Jahres aufbrauchen könnte. Wesentlich sinnvoller ist die frische Zubereitung von Chiliöl. Dafür werden Chilis entstielt, die Früchte samt Kernen gehackt und mit Öl übergossen. Solche Öle entfalten schon nach einer halben Stunde ihr volles Aroma, sind unübertroffen in Frische und Geschmack und können nach Bedarf zubereitet werden.

Eine besonders hochwertige Veredelung von Chiliöl ist das Mitpressen getrockneter Chilis mit Rapssamen oder Sonnenblumenkernen. Dadurch bekommt das Öl einen extrem feinen, scharfen Geschmack. Aber auch hier gilt, dass das Öl nicht länger als ein halbes Jahr nach der Pressung verwendet wird.

Die allerhöchste Form eines scharfen Chili- bzw. milden Paprikaöls habe ich in Ungarn kennen gelernt. Es entsteht ausschließlich aus Paprika- oder Chilisamen (ohne Beigabe der Samen von anderen Ölfrüchten) mit einem gewissen Anteil an getrockneten Fruchtstücken. Dieses Öl hat eine unvergleichliche rote Paprikafarbe, schmeckt intensiv fruchtig und süß – bzw. scharf – und wird in Nobelrestaurants verwendet. Ich habe es auf Kartoffelpüree serviert bekommen. Ein seltener Genuss!

PANNONIEN

Ein Gericht, das die österreichische, die ungarische und die Küche des Balkans gemeinsam haben, sind gefüllte Paprika.
Ein Rezept für vier Personen ist das Folgende:

GEFÜLLTE PAPRIKA

Zutaten:
1 kg rote Fleischparadeiser
8 gelbe Spitzpaprika
1/2 kg Faschiertes
100 g Reis
2 mittelgroße Zwiebeln
2 TL Rapsöl
1–3 EL Kristallzucker
Für die Einbrenn:
2 EL Öl
2 EL Mehl
1/8 l Wasser

Die Paradeiser entstielen, vierteln und in einem Topf ohne Zugabe von Wasser unter ständigem Rühren ca. 20 Minuten köcheln lassen. Anschließend mit der Flotten Lotte passieren, wodurch die Sauce von Kernen und Haut befreit wird. Derweil den Reis mit Wasser und Salz kernig, aber auf gar keinen Fall ganz durchgaren.
Zwiebeln fein hacken und im Öl glasig dünsten. Mit dem Faschierten und dem halb gekochten Reis vermischen und die ausgehöhlten Paprika mit der Masse zu drei Viertel füllen. Die gefüllten Paprika eng in eine Kasserolle schlichten, und zwar waagrecht, mit der fertigen Paradeisersauce übergießen und darin ca. 40 bis 50 Minuten am Herd leicht köcheln lassen. Zum Schluss die Sauce typisch pannonisch-altösterreichisch nach Belieben mit einem oder durchaus auch mehreren Esslöffeln Kristallzucker abschmecken.
Die gefüllten Paprika kurz aus der Sauce nehmen und beiseite stellen. In einer Pfanne Mehl in Öl leicht anschwitzen, von der Herdplatte nehmen und auskühlen lassen. Dann die Einbrenn mit einem 1/8 Liter Wasser aufgießen, schaumig rühren, in die Paradeisersauce einrühren und einmal kurz aufkochen lassen. Anschließend die gefüllten Paprika in die fertige Sauce einlegen und servieren.
Dazu reicht man Salzkartoffeln.

PFERDEMIST

Der Pferdemist ist ein relativ milder, aber guter Dünger. Er stellt außerdem die beste Alternative zu Hühnermist dar, auf den man der Salmonellengefahr wegen in der Gemüsekultur ganz verzichten sollte. Pferdemist ist auch deswegen gerade für Chilis und Paprika so vorteilhaft, weil er ein wärmender Dünger ist, was den Bedürfnissen der Pflanzen besonders entgegenkommt. Natürlich wäre gut abgelegener Pferdemist das absolute Nonplusultra, aber im Zweifelsfall tut es frischer Pferdemist auch. Sowohl im Freiland als auch in der Topfkultur gehört er nicht oben auf der Pflanzerde verteilt, sondern tief ins Pflanzloch eingearbeitet bzw. ins untere Drittel des Topfes. Das Stroh vom Ausmisten, mit dem Pferdemist immer vermischt ist – außer man sammelt Pferdeknödel direkt von der Straße ein –, ist kein Nachteil. Im Gegenteil, es lockert die Erde.

>> Ertrag >> Salmonellen

PIKIERSTAB

Normalerweise werden in kleinen Anzuchttöpfen gleich mehrere Samen einer Sorte angebaut. Das spart Platz, außerdem haben selbst gewonnene, aber auch gekaufte Samen nicht immer die volle Keimfähigkeit. Daher sät man sie dicht (>> Anzucht), um sie, sobald sie im so genannten Zwei-Blatt-Stadium sind – also dann, wenn sie nach den Keimblättern die ersten zwei Blätter angesetzt haben –, zu vereinzeln. Diesen Vorgang des Vereinzelns nennt man Pikieren.

Die wichtigsten Tipps fürs Pikieren von Chili- und Paprikapflanzen stammen aus meiner langjährigen Erfahrung: Es gibt im Gartenfachhandel spezielle kleine Pikierstäbe aus Kunststoff, zu deren Kauf ich sehr rate. In der Form ähneln sie ein wenig den Schwimmern von Angeln oder auch abgestumpften Pfeilspitzen. Diese Stäbe haben zwei unterschiedliche Stärken – oben schmal und unten breit. Den schmalen Teil verwendet man dazu, um die kleinen Pflanzen vorsichtig aus der Anzuchtserde zu lösen. Es geht darum, bei diesem Vorgang einen Großteil der feinen Wurzeln, die sehr leicht abreißen, zu erhalten. Den breiteren Teil des Pikierstabes verwendet man dazu, die Löcher zu machen, in die man die Jungpflanzen einzeln setzt.

Ein weiterer wichtiger Punkt ist es, die Anzuchttöpfe mit den Sämlingen einen Tag, bevor man sie pikiert, kräftig zu gießen, damit die kleinen Pflanzen am nächsten Tag strammstehen und ein gewisser Erdanteil an den Wurzeln kleben bleibt. Dadurch kann die kleine Pflanze quasi noch eine Zeitlang von ihrer „Muttererde“ profitieren, wodurch ihr die Umstellung auf einen größeren Topf erleichtert wird.

Wesentlich ist auch noch, dass man niemals zu junge Pflänzchen pikiert. Dadurch riskiert man viel zu hohe Ausfälle. Ein Hinweis dazu: Solange die Stängel der Sämlinge noch „glasig“ aussehen, also beinahe durchscheinend sind wie Glas, pikiert man sie auf keinen Fall. Sie sind noch nicht so weit. Bei uns sagt man zu solchen Pflänzchen, sie seien „frech und glasig“. Fragen Sie mich nicht warum! Vielleicht in Analogie zu kleinen Kindern, die auch häufig frech sind, solange sie noch nicht eine gewisse Reife erreicht haben.

Die Erde, in die man die Pflänzchen pikiert, muss auf jeden Fall trocken und locker sein. Ist sie nass, werden sie buchstäblich darin einbetoniert und haben eine viel schlechtere Chance, gut anzuwurzeln. Man setzt die Pflänzchen so tief wie möglich in die lockere Erde – und zwar so, dass praktisch nur mehr die Blätter und ein kleines Stückchen Stängel sichtbar bleiben.

Fürs Pikieren sollte man einen Tag wählen, an dem es nicht brüllend heiß ist. Ideal ist ein warmer, bewölkter Tag von etwa 25 Grad Celsius.

Nach dem Pikieren gehören die Pflänzchen in ihren neuen Töpfen mit einem feinen Brausestrahl gut angegossen. Aber bitte nicht wie die Feuerwehr alles unter Wasser setzen!

>> Abhärten >> Anzucht

SEITE 160 >>

PARADEISPAPRIKA LOZI

- Gattung: Capsicum annuum
- Zwei Schärfegrade: süß und leicht scharf bis mittelscharf
- Kultur: gut geeignet für Freiland, Töpfe und für Glas- und Folienhaus
- Wuchshöhe: im Freiland und im Topf bis zu 60 Zentimeter, im Glas- oder Folienhaus bis zu 80 Zentimeter
- Pflanze: ausladender Wuchs mit trauerweidenähnlich überhängenden Ästen // dunkelgrüne, gespitzte Blätter // Blüten regelmäßig über die ganze Pflanze verteilt // deutlich vorhandene Königsblüte
- Farbe: von Dunkelgrün auf Braunrot abreifend
- Frucht: typische runde Paradeispaprikaform, glatte Oberfläche mit wenig Rillen // dickwandig // wachsen hängend und stehend // bis zu zehn Zentimeter breit und fünf Zentimeter hoch
- Geschmack: süß, mild und tomatig // dickwandig mit superknackigem Fruchtfleisch
- Reife und Ernte: extrem früh reifend // mittelstark tragend

Diese alte Sorte stammt von bulgarischen Gärtnern und wurde in den 1950er Jahren im burgenländischen Seewinkel kultiviert. Ich habe ihr nach dem Vornamen meines Vaters, Ladislaus, dessen ungarischen Spitznamen Lozi gegeben. Am besten schmeckt ‚Lozi' aufgeschnitten auf einem Butterbrot.

PETER PEPPER ORANGE

- Gattung: Capsicum annuum
- Schärfegrad: leicht scharf bis mittelscharf
- Kultur: gut geeignet für Töpfe sowie für Glas- und Folienhaus
- Wuchshöhe: im Topf bis zu 60 Zentimeter, im Glas- oder Folienhaus bis zu 80 Zentimeter
- Pflanze: kompakter, aufrechter, wenig ausladender Wuchs // dunkelgrüne, spitz zulaufende Blätter // Blüten sind im Zentrum der Pflanze gleichmäßig verteilt // Königsblüte vorhanden, wenn auch nicht immer
- Farbe: von Grün auf sattes Orange abreifend
- Frucht: die Früchte erinnern an einen leicht erigierten Penis, sind meist gerade, manchmal aber auch gebogen mit gerunzelter Oberfläche und laufen in ein etwa drei bis vier Zentimeter langes Ende aus, das deutlich einer männlichen Eichel ähnelt // mittel dickwandig // wachsen hängend in kleinen Gruppen // Länge bis zu 20 Zentimeter und mehr
- Geschmack: obstig betont mit leichten Bananen-, Mandarinen- und Marillentönen und deutlich erkennbarem Zuckermelonengeschmack
- Reife und Ernte: früh reifend // reich tragend

Diese Sorte trägt auch den Beinamen „Penis-Chili" – eine unverkennbare Form, die in dieser deutlichen Ausprägung einzigartig ist und eine echte Bereicherung für das ohnehin breite Formenspektrum darstellt, das bei Chilis vorkommt. Penis-Chilis gibt es neben Orange auch in Rot.

PETITS BECS

- Gattung: Capsicum annuum
- Schärfegrad: leicht scharf bis mittelscharf
- Kultur: gleichermaßen gut geeignet für Glas- und Folienhaus, Töpfe und Freiland
- Wuchshöhe: im Freiland und im Topf bis zu 40 Zentimeter, im Glas- oder Folienhaus bis zu 120 Zentimeter
- Pflanze: stark verzweigter Wuchs mit deutlich hängenden Zweigen // kleine, mittelgrüne, spitz zulaufende Blätter // Blüten regelmäßig über die Pflanze verteilt
- Farbe: von hellem Gelbgrün auf Orangerot und Rot abreifend
- Frucht: die Früchte sehen aus wie kleine Kugeln mit spitzem Zipfel // dünnwandig mit auffallend wenig Kernen // wachsen hängend // zwei bis drei Zentimeter lang
- Geschmack: dominanter Habanero-Geschmack, extrem fruchtig nach Apfel und Birne, dazu ein leicht parfümierter, tropischer Obstton mit extrem lang anhaltendem Aromaerlebnis, während die äußerst leichte Schärfe sofort wieder verschwindet
- Reife und Ernte: mittelfrüh reifend // reich tragend mit mehreren Hundert Früchten

‚Petits Becs' ist eine ganz besondere Sorte, mit der man auch Leute, die sich vor Schärfe fürchten, in die vielfältigen Geschmackswelten von Chilis einführen kann. Ihre Schärfe taucht nur am Anfang für ganz kurze Zeit auf, verschwindet sofort wieder, während die vielen Obsttöne erfreulich lange am Gaumen bleiben. Dazu sieht die kleine Frucht mit ihrer Form eines Kugelköpfchens mit Zipfelmütze hinreißend aus. Ihr französischer Name „Petits Becs" heißt übersetzt „Kleine Schnäbel". Eine schärfere, in der Form idente Sorte ist ‚Chupetino'.

PIMENTO

- Gattung: Capsicum annuum
- Schärfegrad: süß
- Kultur: gut geeignet für Glas- und Folienhaus, Töpfe und Freiland
- Wuchshöhe: im Freiland und im Topf bis zu 60 Zentimeter, im Glas- oder Folienhaus bis zu einem Meter
- Pflanze: kräftiger Wuchs mit starken Ästen // dunkelgrüne, spitz zulaufende Blätter // Blüten im Zentrum der Pflanze angeordnet // Königsblüte vorhanden
- Farbe: von Dunkelgrün auf leuchtend Rot abreifend
- Frucht: klar herzförmig mit glänzender Oberfläche // extrem dickfleischig // wachsen hängend // acht bis zehn Zentimeter Länge
- Geschmack: ausgeprägt süß und obstig mit leichten Kirscharomen
- Reife und Ernte: mittelfrüh reifend // reich tragend

PIMIENTOS DE PADRÓN

- Gattung: Capsicum annuum
- Zwei Schärfegrade: süß und leicht scharf bis mittelscharf
- Kultur: gut geeignet für Töpfe sowie für Glas- und Folienhaus
- Wuchshöhe: im Topf bis zu 60 Zentimeter, im Glas- und Folienhaus bis zu 80 Zentimeter
- Pflanze: stark verzweigter, buschiger Wuchs // große, dunkelgrüne, leicht gewellte und spitz zulaufende Blätter
- Farbe: von Grün auf Rot abreifend
- Frucht: meist kegelförmig mit angedeuteten Kammersegmenten, häufig spitz, manchmal stumpf auslaufend // mittel dickfleischig // wachsen hängend // bis zu zehn Zentimeter lang
- Geschmack: fruchtig-obstig, manchmal scharf, manchmal süß
- Reife und Ernte: mittelspät reifend // reich tragend

‚Pimientos de Padrón' sind ein Klassiker der spanischen Vorspeisenküche. Dafür werden die Früchte gebraten und mit reichlich Salz und Öl serviert. Beliebt sind diese Chilis nicht zuletzt deswegen, weil man beim Verzehr nie genau weiß, ob man es gerade mit einer scharfen oder mit einer süßen Frucht zu tun hat. Denn die Schärfe ist in den Früchten, auch in den Früchten ein und derselben Pflanze, sehr ungleichmäßig verteilt. Sie zu essen bedeutet also immer auch ein kulinarisches Glücksspiel in Sachen Schärfe.

POBLANO

- Gattung: Capsicum annuum
- Zwei Schärfegrade: süß und leicht scharf bis mittelscharf
- Kultur: gut geeignet für Glas- und Folienhaus, Töpfe und Freiland
- Wuchshöhe: im Freiland und im Topf bis zu 60 Zentimeter, im Glas- und Folienhaus bis zu einem Meter
- Pflanze: ausladender, kräftiger Wuchs // dunkelgrüne, spitz zulaufende Blätter // Blüten sind gleichmäßig über die ganze Pflanze verteilt // deutlich vorhandene Königsblüte
- Farbe: von Schwarzbraun über Grün auf Knallrot abreifend
- Frucht: klassische Paprika-Blockform mit signifikanter, ringförmiger Einfaltung der Frucht rund um den Stielansatz // mittel dickfleischig // wachsen hängend // acht bis zehn Zentimeter lang
- Geschmack: fruchtig und rauchig mit leichtem Kaffee- und Kakaobohnen- sowie Lakritzaroma
- Reife und Ernte: mittelspät reifend // reich tragend

Eine der klassischen mexikanischen Sorten. Sie heißt auch oft ‚Ancho‘ oder ‚Mulato‘, wobei „ancho“ auf Spanisch „weit“ oder „breit“ bedeutet und sich auf die „Breitschultrigkeit“ der Früchte bezieht. Sie werden in verschiedenen Reifegraden verkocht und gleichermaßen in frischem wie in getrocknetem Zustand verwendet. Auch das mexikanische Nationalgericht „Chiles en Nogada“, bei dem es sich um mit Hackfleisch gefüllte Paprika in Walnusssauce mit Granatapfelkernen handelt, wird mit Poblanos – nämlich mit unreifen, grünen Früchten – zubereitet. Dass es zur mexikanischen Nationalspeise avanciert ist, hat auch mit der Farbsymbolik des Gerichts zu tun, die den mexikanischen Nationalfarben grün-weiß-rot entspricht. Poblanos zeichnen sich auch dadurch aus, dass manche Früchte deutlich scharf, andere nur süß schmecken.

PUSA JWALA

- Gattung: Capsicum annuum
- Schärfegrad: scharf bis sehr scharf
- Kultur: gut geeignet für Glas- und Folienhaus, Töpfe und Freiland
- Wuchshöhe: im Freiland und im Topf bis zu 60 Zentimeter, im Glas- und Folienhaus bis zu 80 Zentimeter
- Pflanze: gestauchter, kompakter, niedriger Wuchs // dunkelgrüne, spitz zulaufende Blätter // Blüten sind im Zentrum der Pflanze sehr dicht gedrängt angeordnet
- Farbe: von Grün auf warmes Orangegelb abreifend
- Frucht: fisolendünne, schlangenartig gewellte, leicht quer gerippte Früchte, die in eine lange Spitze auslaufen und manchmal leicht eingeringelt sind // dünnfleischig // wachsen hängend // 15 bis 18 Zentimeter lang
- Geschmack: betont pfeffrig mit typisch tropenfruchtigem, trockenem Cayenne-Geschmack
- Reife und Ernte: extrem früh reifend // sehr reich tragend

QUADRATO D'ASTI ORO

- Gattung: Capsicum annuum
- Schärfegrad: süß
- Kultur: gleichermaßen gut geeignet für Glas- und Folienhaus, Töpfe und Freiland
- Wuchshöhe: im Freiland und im Topf bis zu 50 Zentimeter, im Glas- oder Folienhaus bis zu 80 Zentimeter
- Pflanze: ausladender Wuchs // dunkelgrüne, spitz zulaufende Blätter // wenige Blüten, die locker über die ganze Pflanze verteilt sind // deutlich vorhandene Königsblüte
- Farbe: von Dunkelgrün auf Goldgelb mit dunkelgrünen Flächen abreifend
- Frucht: die Früchte sind gedrungen und breit, meist mit deutlich sichtbaren vier Kammern und mit nach innen gestülptem Ende // extrem dickwandig // wachsen hängend und aufrecht stehend // fast würfelförmig mit zehn mal zehn Zentimetern
- Geschmack: süß, saftig, obstig
- Reife und Ernte: früh bis mittelfrüh reifend // reich tragend

Die Quadratos, von denen es mehrere Sorten in verschiedenen Farben gibt, sind ein typischer Paprika-Klassiker aus Italien. Der Hobbygärtner liebt sie wegen der imposanten Größe ihrer Früchte, die sich hervorragend für Prahlereien unter konkurrierenden Gärtnern eignen. Sie werden meist gebraten und schmecken sogar köstlich, wenn man sich nicht die Mühe machen möchte, sie zu enthäuten.

PULVER

Es wird viele überraschen zu erfahren, dass in 90 Prozent aller angebotenen Paprikapulver die Früchte mitsamt Stängeln vermahlen sind. Natürlich wirkt sich das sehr stark negativ auf Farbe, Aroma und Geschmack aus. Die hochwertigsten Paprikapulver sind aus getrockneten, reifen Chilifrüchten ohne Stängel gemacht – allerdings immer inklusive Samen, Scheidewänden und Gebärmutter. Letztere ist notwendig, damit das Pulver nicht klumpt.
Meistens wird Paprikapulver in Steinmühlen gemahlen. Dabei wird auf eine stabile Temperatur geachtet, die 84 Grad Celsius nicht übersteigen soll. So wird das in den Früchten enthaltene Öl am besten frei. Das Aroma bleibt bestehen und das Pulver wird nicht bitter. Industriell hergestellte Paprikapulver hingegen haben meistens das Problem, dass die Chilifrüchte vor dem Mahlen aus keimtechnischen Gründen auf über 100 Grad Celsius erhitzt werden, wodurch letztlich die feinen Aromen verloren gehen.
In Ungarn gibt es noch viele Familien, die ihr Paprikapulver vor jedem Gebrauch frisch in kleinen Handmühlen mahlen. Traditionell wurde das Pulver in einem Mörser zerstampft, in der so genannten Külü, die eigentlich vom Hanf-Stampfen herstammen soll.
Für süßes Paprikapulver eignen sich ganz besonders ausgewählte Sorten wie ‚Rubin', ‚Szeged 80' oder ‚Wrinkled Old Man'. Für scharfes kommen fast alle dünnwandigen, scharfen Chilisorten in Frage. Die Ungarn verwenden dafür klassischerweise kleine, runde Kirschpfefferoni.
Verraten sei noch eines: Je langsamer der Chili trocknet, umso intensiver die Farbe des Pulvers.
Eine Alternative zu Pulver sind Paprikaflocken. Man erhält sie, indem man Chilis ohne Samen und Scheidewände trocknet und diese dann händisch zerbröselt oder grob mörsert. Die Flocken verleihen dasselbe Aroma wie das Pulver, färben das Gericht jedoch nicht intensiv rot ein. In Spanien gibt es Regionen, wo solche Paprikaflocken zusätzlich noch geräuchert werden, was ihnen eine weitere Geschmacksnuance gibt. Diese Räucherflocken kommen besonders häufig bei der Wurstherstellung zum Einsatz. Erwähnenswert ist hier etwa „Pimentón de la Vera" aus der Extremadura. Das wäre auch ein Beispiel für Paprikasorten bzw. -pulver mit mittlerweile geschützter Ursprungsbezeichnung.

>> **Ernteperiode** >> **Gebärmutter** >> **Zöpfe**

R

REGEL

Die einzige Regel bei Chilis ist, dass es keine Regel gibt. Die Behauptung, die sich am hartnäckigsten hält, besagt: Alle Chilis, die aufrecht wachsen und spitz sind, sind scharf, während große, runde oder solche mit nach unten hängenden Früchten automatisch süß seien. Das stimmt leider nicht. Wer das nicht glaubt, kann es gerne ausprobieren. Ein kleiner Tipp: Beim Verkosten immer bei der Spitze beginnen, weil Chilifrüchte dort am wenigsten scharf sind. Der Grund ist, dass man dann in der Regel nicht mit Kernen, Scheidewänden und Gebärmutter des Chilis in Berührung kommt, jenen Stellen, wo die größte Schärfe sitzt.

>> **Gebärmutter**

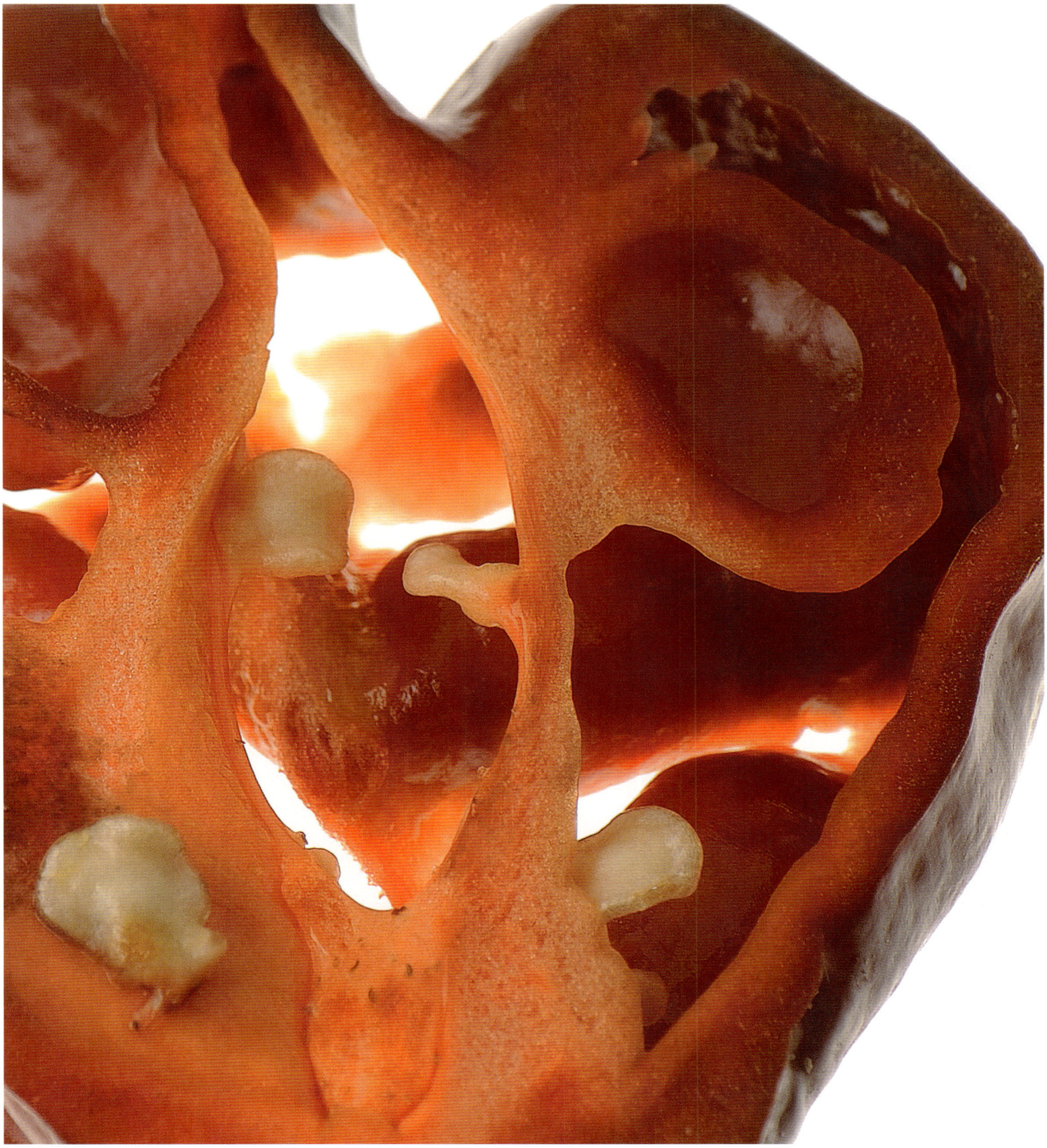

ROCOTILLO

- Gattung: Capsicum chinense
- Schärfegrad: scharf bis sehr scharf
- Kultur: gut geeignet für Töpfe sowie für Glas- und Folienhaus
- Wuchshöhe: im Topf bis zu 80 Zentimeter, im Glas- und Folienhaus bis zu einem Meter
- Pflanze: stark verzweigter, ausladender Wuchs mit extrem vielen Früchten // herzförmige, gewellte, grüne Blätter // Blüten sind dicht und gleichmäßig über die ganze Pflanze verteilt
- Farbe: von Grün auf leuchtendes Signalrot abreifend
- Frucht: pfaffenkappenförmige Früchte mit sehr unregelmäßiger, fast knolliger Oberfläche // dünnfleischig // wachsen hängend und in Büscheln // vier bis fünf Zentimeter lang
- Geschmack: unterschiedliche Schärfen – manche süß bis nur leicht scharf, andere leicht scharf bis mittelscharf // obstig-fruchtig mit vielen Kirscharomen
- Reife und Ernte: mittelfrüh reifend // sehr reich tragend

ROCOTO COSTA RICA

- Gattung: Capsicum pubescens
- Schärfegrad: scharf bis sehr scharf
- Kultur: gut geeignet für Töpfe sowie für Glas- und Folienhaus
- Wuchshöhe: im Topf und im Glas- und Folienhaus können die Pflanzen mehrere Meter hoch werden
- Pflanze: extrem ausladender Wuchs mit Ästen, die mit den Jahren zunehmend verholzen und teilweise violett-lila gefärbt sind // die matt-mintgrünen Blätter sind weich und leicht behaart // die violettblauen Blüten mit sehr langen, dünnen Stielen sitzen in den Zweigachseln und sind gleichmäßig über die Pflanze verteilt
- Farbe: von Grün auf Gelb abreifend
- Frucht: in der Form von gedrungenen Mini-Blockpaprika mit drei regelmäßigen Kammern // mittel dickfleischig mit sortentypisch schwarzen Samenkernen // wachsen hängend // vier bis fünf Zentimeter im Durchmesser
- Geschmack: extrem auffallend saftig und fruchtig mit vielen Obstaromen
- Reife und Ernte: mittelfrüh reifend // reich tragend

Über Rocotos gibt es viele falsche Gerüchte, die beinahe dazu geführt haben, dass sich kaum mehr jemand ihren Anbau zutraut. Das ist schade. Denn die Pflanzen sind reich tragend und die saftigen Früchte besonders aromareich. Am hartnäckigsten hält sich die Mär, Rocotos würden im ersten Jahr nicht tragen und seien frostfest. Beides ist Unsinn. Rocotos haben ihre Heimat in mittel- und südamerikanischen Gebirgslagen bis zu 3000 Metern, können also gut mit kühleren Bedingungen umgehen. Gerade im Hochsommer brauchen sie halbschattige, luftdurchzogene Plätzchen, wo ihnen nicht die Sonne auf den Pelz brennt. Rocoto-Töpfe können nicht groß genug sein. Sie lieben es feuchter als andere Chilis und mögen es, von oben mit einer regelmäßigen Sprühdusche verwöhnt zu werden. Wird es ihnen nämlich zu heiß oder zu trocken, lassen sie gerne Blüten und Früchte fallen.

ROCOTO PERU CUSCO

- Gattung: Capsicum pubescens
- Schärfegrad: scharf bis sehr scharf
- Kultur: gut geeignet für Töpfe sowie für Glas- und Folienhaus
- Wuchshöhe: im Topf und im Glas- oder Folienhaus können die Pflanzen mehrere Meter hoch werden
- Pflanze: extrem ausladender Wuchs mit Ästen, die mit den Jahren zunehmend verholzen und teilweise nicht grün, sondern violett-lila gefärbt sind // die matt-mintgrünen Blätter, deren Äderungen auf der Blattoberfläche deutliche Furchen bilden, sind weich und leicht behaart // die Blüten sind wunderschön violettblau mit extrem langen, dünnen Stielen, sitzen in den Zweigachseln und sind gleichmäßig über die Pflanze verteilt
- Farbe: von Grün auf Orangegelb abreifend
- Frucht: teilweise kreiselförmig, teilweise in der Form von Mini-Blockpaprika mit unregelmäßiger, aber glatter Oberfläche // mittel dickfleischig mit sortentypisch schwarzen Samenkernen // wachsen hängend // vier bis fünf Zentimeter lang
- Geschmack: extrem auffallend saftig und fruchtig mit vielen Obstaromen
- Reife und Ernte: mittelfrüh reifend // reich tragend

Über Rocotos habe ich schon im Zusammenhang mit der Sorte ‚Rocoto Costa Rica' einiges erzählt. Erwähnen möchte ich noch, dass man Rocotos hervorragend in Spalierform ziehen kann. Überwintern lassen sie sich bestens in hellen Räumen bei Temperaturen um 14, 15 Grad Celsius. Man sollte sie, bevor es draußen unter vier Grad Celsius hat, unbedingt hereinstellen. Gut gepflegt können sie zu echten Chili-Methusalems werden und über Jahre reiche Ernte abwerfen. Die leuchtend violetten Rocoto-Blüten sind übrigens die schönsten im ganzen Chilireich.

ROYAL GOLD

- Gattung: Capsicum chinense
- Schärfegrad: scharf bis sehr scharf
- Kultur: gut geeignet für Töpfe sowie für Glas- und Folienhaus
- Wuchshöhe: im Topf bis zu 50 Zentimeter, im Glas- und Folienhaus bis zu einem Meter
- Pflanze: kompakter, nach oben hin ausladender Wuchs // kleine, hell- bis mittelgrüne, herzförmige und gewellte Blätter // gleichmäßig außen an der Pflanze liegende Blüten
- Farbe: von Grün auf Pink-Orange abreifend
- Frucht: kreiselförmige, segmentierte, spitz zulaufende Früchte mit leicht warziger Oberfläche // dünnfleischig // wachsen hängend und immer zu zweit oder zu dritt nebeneinander // drei bis vier Zentimeter lang
- Geschmack: obstig mit deutlicher Tropenfruchtnote und mit einer Schärfe, die augenblicklich spürbar wird
- Reife und Ernte: mittelspät reifend // extrem reich tragen

SALMONELLEN

Das Stichwort Salmonellen mag in Bezug auf Chilis und Paprika überraschend sein. Dennoch spielt es eine Rolle, und zwar wegen des Hühnermists, der bei Hobbygärtnern ein beliebter Pflanzendünger ist. Nicht ganz zu Unrecht, denn er ist ein sehr konzentrierter, stickstoffreicher Dünger, der die Erträge von Gemüsepflanzen wie kein anderer in die Höhe schnellen lässt. Aber Achtung: Hühnermist kann Salmonellen enthalten. Und wenn die Erde oberflächlich teilweise mit Hühnermist bedeckt ist und die Früchte der untersten Äste direkt damit in Berührung kommen, besteht die Gefahr einer Salmonellenvergiftung, wenn die Früchte roh und ungekocht verarbeitet oder gegessen werden. Wenn man auf Nummer sicher gehen will, sollte man Früchte von mit Hühnermist gedüngten Pflanzen wirklich nur gekocht genießen, was wiederum des Geschmacks wegen sehr schade wäre und bestimmte Gerichte wie frischen Paprikasalat oder Paprikapulver ausschließt. Mein Rat daher: Besser auf frischen Hühnermist verzichten!

>> **Ertrag** >> **Pferdemist**

SAMENGEWINNUNG

Chilisamen zu gewinnen ist grundsätzlich einfach. Die wichtigste Regel dabei lautet: Niemals ohne Handschuhe! Denn die Schärfe des Chilis liegt vor allem in den Samen, den Scheidewänden und in der Gebärmutter. Hantiert man ohne Handschuhe, kann man sich massive Hautreizungen zuziehen. Und wie es ist, wenn man sich mit „Chilifingern" ins Auge greift oder pinkeln geht, gehört zum klassischen Anekdoten-Repertoire unter Chili-Aficionados. Es handelt sich jedenfalls um bleibende Erinnerungen!

Die Samengewinnung wird auf dreierlei Arten praktiziert: Klassischerweise werden die reifen Früchte der Länge nach geöffnet, die Samen fein säuberlich mit einem spitzen Messer von Scheidewänden und Gebärmutter gelöst, auf Porzellantellern getrocknet und dann abgefüllt. Man kann aber auch Samen, Scheidewände und Gebärmutter von reifen Früchten gemeinsam trocknen. Dazu wird einfach nur das Fruchtfleisch weggeschnitten. Das macht man, wenn man viele Früchte hat und viele Samen gewinnen will. Es geht einfach schneller. Denn wenn alles getrocknet ist, braucht man die Samen nur mehr durch Abrebeln ablösen. Wir haben eine einfache und schnelle Art entwickelt, das zu tun: Wir füllen die getrockneten Chili-Innereien, auf denen die Samen sitzen, in einen dicken Papiersack, den wir schütteln und mit der Hand beklopfen. Dadurch springen die Samen ab. Dabei gibt es einen kleinen Nachteil: Man kann es nicht ganz vermeiden, dass es staubt und einem Nase, Augen und Rachen reizt.

Die dritte Variante, Samen zu gewinnen, eignet sich nur für Chilis mit dünnem Fruchtfleisch: Man trocknet sie im Ganzen, am besten durch Auffädeln (>> **Auffädeln**), und löst erst kurz vorm Samenanbau die Samen heraus, indem man die Chilifrucht aufbricht. Mit dieser Methode fängt man zwei Fliegen auf einen Schlag, denn man gewinnt Samen und kann gleichzeitig die im Ganzen getrockneten Chilifrüchte weiter zum Kochen verwenden.

>> Alter >> Anzucht >> Gebärmutter >> Nylons

SAUER

Paprika hat gerade auch in der böhmisch-ungarischen Küche eine lange Tradition. Immerhin gab es in der Nähe von Brünn die ersten größeren Anbauflächen. Ein Rezept, das ich Ihnen gerne preisgebe, ist das unseres viel prämierten Mangaliza-Paprikas.

MANGALIZIA
Paradeispaprika gebraten in Schmalz von Mangaliza-Schweinen und eingelegt in Rotweinessig von Pepi Umathum

Zutaten:
1 kg roter, reifer Paradeispaprika
1 EL Mangaliza-Schweineschmalz
geschälte Knoblauchzehen
Rosmarin
Rotweinessig
Zucker
Salz

Die geviertelten und entkernten Paradeispaprika werden in einer heißen Paella-Pfanne in Mangaliza-Schweineschmalz kräftig angebraten, danach im heißen Zustand in Gläser geschlichtet, mit einer ganzen, geschälten Knoblauchzehe pro Glas und Rosmarin verfeinert und mit einer Marinade aus Rotweinessig, Salz, Zucker und Wasser übergossen. Anschließend pasteurisieren. Die Marinade soll sich jeder so mischen, wie es seinem Gaumen am besten zusagt.

>> Christoph Kolumbus

SCHÄDLINGE

>> Feinde >> Lack >> Niemöl

SCHAFSKÄLTE

Die Gefahr, die jungen Pflanzen im Mai von den berüchtigten Eisheiligen droht, ist etwas, das jedem Gärtner bewusst ist. Aber die durchaus regelmäßig auftretende Schafskälte, die in Mitteleuropa in der ersten Junihälfte noch einmal zu einem massiven Kälteeinbruch führen kann, wird unterschätzt. Dabei stellt sie gerade für Chili- und Paprikapflanzen, die für ihr Gedeihen ganz besonders von Wärme und stabilen Temperaturen abhängig sind, eine große Gefahr dar. Kündigt sich so eine Kälteperiode im Juni an, muss man seine Pflanzen unbedingt davor schützen – entweder, indem man Topfchilis und -paprika in geschützte Räume stellt bzw. Freilandpflanzen mit einem schützenden Vlies abdeckt oder ihnen für die Dauer der Kälte einen lichtdurchlässigen Kübel aus transparentem Kunststoff überstülpt.

>> Eisheilige >> Frost

SCHEIDEWÄNDE

>> Gebärmutter

SCHNAPS

Es klingt fast unglaublich, aber es ist wahr, dass man aus süßen Paprika einen vorzüglichen Brand machen kann. Hierfür werden die reifen Früchte auf Maische gelegt und anschließend destilliert. Der bekannte Mostviertler Schnapsbrenner Georg Hiebl aus Stadt Haag verwendet Paprika von unseren Feldern im burgenländischen Frauenkirchen, um seinen gekrönten „Paprikabrand“ zu brennen. Meines Wissens handelt es sich dabei um ein wirklich einzigartiges, ganz und gar eigenständiges Produkt. Anderswo gibt es zwar Brände, denen einzelne Chilifrüchte zum Schärfen zugegeben werden, aber reiner, vollwertiger Schnaps aus Paprika wie der von Georg Hiebl ist mir noch nicht begegnet: www.die-schnapsidee.at.

>> Burgenland >> Essig

SCHWANKEND

Der Freilandanbau ist klimabedingt in unseren mitteleuropäischen Breiten nicht überall gleich gut möglich und nur in wenigen Regionen ratsam. Sagen wir es so: Chilis und Paprika brauchen im Freiland während ihrer wesentlichen Entwicklungsphase von Mai bis Ende September nicht nur möglichst viele heiße Tage, sondern vor allem auch warme Nächte. Dort, wo das nicht der Fall ist – also zum Beispiel im alpinen Raum oder im Voralpengebiet –, braucht man den Freilandanbau erst gar nicht zu probieren. Gut gelingt er hingegen etwa im heißen pannonischen Klima von Ungarn oder des Burgenlands, ebenso im niederösterreichischen Marchfeld oder Weinviertel oder natürlich auf dem Balkan, am Schwarzen Meer, in Spanien, Italien und Portugal. Nicht nur mäßige Temperaturen machen den Pflanzen im Freiland zu schaffen, es sind vor allem starke Temperaturschwankungen, mit denen sie nicht zurechtkommen. Sind sie solchen Schwankungen ausgesetzt, setzen die Pflanzen zwar sehr wohl Früchte an, aber diese sind ohne viel Geschmack, dünnfleischig, runzelig und oft bitter, weil sie nie ihre volle Reife erreichen können.

>> Abhärten >> Arche Noah >> Beratung
>> Blätter >> Pferdemist

SCHWEISS & TRÄNEN

Die fünf Elemente von übertriebenem Chiligenuss sind Schweiß, Tränen, Schluckauf, Sodbrennen und – im schlimmsten Fall – Atemnot und Ohnmacht. Wie man das vermeidet, dafür gibt es keine verlässliche Regel, denn manche Menschen reagieren schon bei leichter Schärfe heftig, andere zucken bei einer mittelscharfen Chili nicht einmal mit der Wimper oder nehmen Schweißausbrüche bereitwillig und ohne Leidensdruck in Kauf. Man muss es leider einfach ausprobieren, wie weit man in puncto Schärfe gehen kann.

>> Capsaicin

SIBIRIEN

Es mag verwundern, dass ausgerechnet im kalten Sibirien eine ziemlich rege Zucht- und Anbautradition von Chilis und Paprika besteht. Erwähnt werden sollte an dieser Stelle vor allem der süße ‚Sibirische Hauspaprika‘. Die Pflanze ist klein und buschig, hat rot abreifende, dünnfleischige, mittelgroße Früchte, die senkrecht nach oben wachsen und mit weniger Sonnenstunden und niedrigeren Temperaturen ihr Auslangen finden als andere Paprika.

SKALA

Es gibt verschiedene Methoden, die Schärfe von Chilis und Paprika zu bestimmen. Keine kann und tut das mit endgültiger Genauigkeit. Das liegt unter anderem daran, dass sich in den Früchten verschiedener Chilisorten unterschiedliche Anteile an verschiedenen Capsaicinoiden befinden. Diese Unterschiede können die verschiedenen Methoden zur Schärfebestimmung nicht letztgültig erfassen, ebenso wenig wie die individuelle Empfindlichkeit einzelner Menschen gegenüber Schärfe.

Die Scoville-Skala ist eines der bekanntesten Bestimmungssysteme für Schärfegrade. Sie wurde 1912 von dem Pharmakologen Wilbur L. Scoville entwickelt. Scoville-Grade sagen aus, wie viele Tropfen Wasser notwendig sind, damit die in einer bestimmten Frucht enthaltene Capsaicin-Konzentration nicht mehr wahrnehmbar ist. Süße Paprika ohne jede Schärfe hätten demnach einen Scoville-Grad von 0, reines Capsaicin – das natürlich in dieser konzentrierten Form in Chilis überhaupt nicht vorkommt – hätte einen Scoville-Grad von 15 bis 16 Millionen.

Das heute viel gebräuchlichere Verfahren zur Bestimmung von Schärfe ist die so genannte Hochleistungsflüssigkeitschromatographie, kurz HPLC. Sie misst die Konzentration der verschiedenen Capsaicin-Verbindungen, die in Chilifrüchten enthalten sind, und gewichtet sie nach Prozenten und nach ihrer Hitzeerzeugung. Solche HPLC-Werte werden häufig in die Werte der sehr viel bekannteren Scoville-Skala umgerechnet, wodurch sie ihrerseits an Genauigkeit verlieren.

Am weitesten verbreitet ist im Hausgebrauch aber sicher eine weitaus simplere Skala zur Schärfeangabe. Sie geht ganz einfach von Werten zwischen 1 und 10 aus, wobei 1 am wenigsten und 10 am meisten Schärfe meint. Manchmal werden diese Zahlen noch um ein, zwei oder drei + erweitert, sodass es sehr scharfe Sorten gibt, die nach dieser Skala mit der Schärfe 10++ ausgewiesen sein können.

Ich halte von übertriebenen Skala-Werten nicht sehr viel. Oft werde ich beim Pflanzenverkauf danach gefragt, wo der geschmackliche Unterschied zwischen 10 und 10+ liegt. Das erkläre ich immer so: „10 ist, wenn Sie mit 180 km/h gegen einen Baum fahren, und 10+ ist, wenn Sie das mit 185 km/h tun. Beides kann verheerend sein.“ Alles klar?

>> Capsaicin >> Fingerspitzen >> Gebärmutter >> Nylons

SORTEN

Eine genaue Zahl gibt es nicht, aber Schätzungen besagen, dass es weltweit zwischen 15.000 und 30.000 verschiedene Sorten von Chilis und Paprika gibt. Allein die „Genbank Kulturpflanzen“ in Gatersleben im deutschen Sachsen-Anhalt verzeichnet eine Sammlung von über 1500 verschiedenen Paprika- und Chilisorten.

>> Beratung >> Blätter >> Typen

SPITZ & RUND

Der Formenreichtum von Chilis und Paprika ist nicht zu übertreffen. Es gibt Früchte, die kleinen Äpfeln gleichen, andere, die Paradeisern zum Verwechseln ähnlich sehen, Chilis so dünn und lang wie Mikado-Stäbchen oder solche, die wie Raupen oder Engerlinge aussehen. Es gibt gerade und krumme, spitz zu laufende, kugelrunde, kegel-, herz- und blockförmige, zwiebelturmähnliche oder bananenartige Früchte. Einige haben eine spiegelglatte Oberfläche, andere sind faltig und runzelig wie eine Ziehharmonika. Nicht nur, dass es diese verschiedenen Formen gibt und dass die meisten davon in unterschiedlichen Größen vorkommen, wird diese fantastische Vielfalt noch durch eine breite Farbpalette potenziert.

>> Bunte Kleider >> Malkasten

SEITE 184 >>

SANTA LUCIA SWEET

- Gattung: Capsicum annuum
- Schärfegrad: süß
- Kultur: gleichermaßen gut geeignet für Glas- und Folienhaus, Töpfe und Freiland
- Wuchshöhe: im Freiland und im Topf bis zu 60 Zentimeter, im Glas- oder Folienhaus bis zu 80 Zentimeter
- Pflanze: ausladender, breiter Wuchs // dunkelgrüne, spitz zulaufende Blätter // Blüten sind regelmäßig über die ganze Pflanze verteilt // vorhandene Königsblüte
- Farbe: von glänzendem Grün auf extrem glänzendes, fast schon lackiert wirkendes helles Rot abreifend
- Frucht: langgezogene Blockform mit außen deutlich sichtbarer Segmentierung in Kammern, vor allem in der oberen Hälfte der Frucht // dünnfleischig // wachsen hängend // zwölf bis 15 Zentimeter lang
- Geschmack: saftig-obstig betont und extrem süß mit einer leichten Note von ätherischen Ölen
- Reife und Ernte: mittelfrüh reifend // sehr reich tragend

SARIT GAT

- Gattung: Capsicum annuum
- Schärfegrad: scharf bis sehr scharf
- Kultur: gut geeignet für Glas- und Folienhaus, Töpfe und Freiland
- Wuchshöhe: im Freiland und im Topf bis zu 50 Zentimeter, im Glas- und Folienhaus bis zu 80 Zentimeter
- Pflanze: filigrane, kompakte Pflanze // dunkelgrüne, spitz zulaufende Blätter // Blüten sind gleichmäßig dicht an der Außenseite der Pflanze verteilt
- Farbe: von Grün auf leuchtendes Zitronengelb abreifend
- Frucht: fingerdicke, zylindrische, glatte Früchte, die in eine stumpfe Spitze auslaufen und manchmal leicht gebogen sind // mittel dickfleischig mit starkem Kerngehäuse // wachsen hängend // ca. zwölf Zentimeter lang
- Geschmack: obstig betont mit feinen, leicht säuerlichen Fruchtessig-Essenzen und gleichmäßig in der Frucht vorhandener Schärfe
- Reife und Ernte: extrem früh reifend // reich tragend

SEBES

- Gattung: Capsicum annuum
- Schärfegrad: scharf bis sehr scharf
- Kultur: gut geeignet für Glas- und Folienhaus, Töpfe und Freiland
- Wuchshöhe: im Freiland und im Topf bis zu 40 Zentimeter, im Glas- und Folienhaus bis zu 60 Zentimeter
- Pflanze: auffallend kleine, kompakte, beinah kriechende Pflanze // mittelgrüne, spitz zulaufende Blätter // Blüten zentriert im Herz der Pflanze
- Farbe: von Grün auf Zitronengelb abreifend
- Frucht: fingerdicke, zylindrische, glatte Früchte, die in eine Spitze auslaufen und manchmal leicht gebogen sind // mittel dickfleischig mit starkem Kerngehäuse // wachsen hängend // ca. zwölf Zentimeter lang
- Geschmack: fruchtiger Zitruston mit deutlicher Schärfe
- Reife und Ernte: extrem früh reifend // reich tragend

An ‚Sebes' kann man einmal mehr erkennen, dass Ungarn das Land für Freilandpaprika und -chilis ist. Diese alte, ungarische Sorte vereint gleich ein ganzes Bündel an wunderbaren Eigenschaften: Sie ist früh reifend, kleinwüchsig, reich tragend und äußerst robust. Bestens geeignet für jeden Hobbygärtner und jede Hobbygärtnerin! Außerdem erreicht sie schon eine durchaus stattlich zu nennende Schärfe.

SHATA BALADI

- Gattung: Capsicum annuum
- Schärfegrad: leicht scharf bis mittelscharf
- Kultur: gut geeignet für Freiland, Töpfe sowie für Glas- und Folienhaus
- Wuchshöhe: im Freiland und im Topf bis zu 60 Zentimeter, im Glas- oder Folienhaus bis zu 80 Zentimeter
- Pflanze: ausladender, kräftiger Wuchs // dunkelgrüne, auffallend lange, spitz zulaufende Blätter, die fast so lang sind wie die Früchte // Blüten gleichmäßig auf der Pflanze verteilt
- Farbe: von Schwarz über Grün auf Rot abreifend
- Frucht: die Früchte haben eine Zigarilloform, die in eine stumpfe Spitze ausläuft; sie sind manchmal gerade, manchmal leicht gebogen // mittel dickfleischig // wachsen hängend // bis acht Zentimeter lang
- Geschmack: deutlich pfeffriges Chiliaroma, fruchtig mit fein-herbem Geschmack
- Reife und Ernte: mittelfrüh reifend // sehr reich tragend

SU TSU

- Gattung: Capsicum annuum
- Schärfegrad: süß
- Kultur: gut geeignet für Freiland, Töpfe sowie für Glas- und Folienhaus
- Wuchshöhe: im Freiland und im Topf bis zu 50 Zentimeter, im Glas- oder Folienhaus bis zu 80 Zentimeter
- Pflanze: kompakter, ausladender Wuchs // dunkelgrüne, spitz zulaufende Blätter // Blüten gleichmäßig auf der Pflanze verteilt // deutlich vorhandene Königsblüte
- Farbe: von Grün auf leuchtendes Rot abreifend
- Frucht: klassische Blockpaprikaform mit deutlich sichtbaren vier Kammern // dickfleischig // wachsen stehend // ca. zehn Zentimeter lang, im Durchmesser ca. acht Zentimeter
- Geschmack: süß mit schönen Beerenaromen
- Reife und Ernte: extrem früh reifend // sehr reich tragend

STANDORT

Die richtige Standortwahl ist bei Chili und Paprika Ausschlag gebend. Mit Sicherheit liegt man nicht falsch, wenn man den Pflanzen den wärmsten und sonnenreichsten Platz im Garten oder auf dem Balkon gibt. Anders als Paradeiser, die sich mit Wind gut arrangieren können und für deren Entwicklung er mitunter sogar noch förderlich ist, entwickeln sich Chili- und Paprikapflanzen an windigen Standorten sehr schlecht. Je mehr sich die Hitze staut, desto besser. Chilis und Paprika lieben eine Brutkasten-Atmosphäre. Hat sich ein Standort bewährt, kann man ihn durchaus mehrere Jahre in Folge mit Chili und Paprika bepflanzen.

>> Beratung >> Blätter >> Nachbarn >> Topf >> Wärme

STAUNÄSSE

Was Chili- und Paprikapflanzen überhaupt nicht mögen, ist Kälte und Staunässe im Wurzelbereich. In Töpfen macht man daher am Topfboden auf jeden Fall eine Drainageschicht aus Steinen oder Häckselgut. Dass man ausschließlich in Töpfen mit einem Loch im Boden kultiviert, sollte sich ohnehin von selbst verstehen. Man sollte auch niemals eine Untertasse verwenden, in der Gieß- oder Regenwasser sich stauen könnte, sodass die Pflanzen erst recht wieder im Feuchten stehen. Bei der Freilandpflanzung von Chilis und Paprika vermeidet man Staunässe, indem man Böden wählt, die durchlässig sind und keinen hohen Lehm- und Tonanteil haben.

>> Anzucht >> Erde >> Wasser

STEINE

Ein bisschen zusätzliche Wärme kann man seinen Chili- und Paprikapflanzen bescheren, indem man ihnen einige faustgroße Steine auf den Boden rund um den Stamm legt.
Die Steine speichern die Sonnenwärme und geben sie auch dann noch langsam an die Pflanze ab, wenn es schon Nacht ist.

>> Erde

STILLE WASSER

Das hier mag eine völlig unwissenschaftliche Mitteilung sein, aber sie basiert auf jahrelanger teilnehmender Beobachtung. Meiner Erfahrung nach ließe sich das Sprichwort „Stille Wasser sind tief" wunderbar abwandeln zu „Stille Wasser sind scharf". Denn bei den Führungen durch meine Chilifelder habe ich Folgendes festgestellt: Die Großmäuler und Angeber, die von sich behaupten, ungeheuer viel Schärfe zu vertragen, halten beim Verkosten von Chilifrüchten nur selten, was sie versprechen. Den Stillen aber, die sich im Hintergrund halten, den ruhigen Beobachtern, die nicht prahlen und angeben, treten nie Schweißperlen auf die Stirn, wenn sie Sorten wie die mörderisch scharfe ‚Bulgarische Karotte' oder ‚Aribibi Gusano', den so genannten ‚Wurm von Afrika', verkosten.

>> Aggressiv >> Capsaicin >> Sonne >> Typen

Meiner Erfahrung nach ließe sich das Sprichwort „Stille Wasser sind tief" wunderbar abwandeln z

STRAFE

Ein eher unerwartetes Einsatzgebiet für Chilis ist das weite Feld der Kindererziehung. Die Azteken hielten ihre Kinder zur Strafe über beißenden Chilirauch. Diese Praxis der schwarzen Pädagogik ist Gott sei Dank seither aus der Mode gekommen.

SUCHT

Der in den Früchten enthaltene Stoff Capsaicin, der für die Schärfe von Chilis verantwortlich ist, wird in seiner längerfristigen Wirkung häufig mit Alkohol oder Nikotin verglichen. Es lässt sich beobachten, dass Menschen, die Chili lieben, immer mehr und immer höhere Dosen davon wollen – also gleichsam süchtig nach dieser Art von Schärfe werden. Manchen läuft schon der Speichel im Mund zusammen, wenn sie nur an Chili denken oder davon reden.

>> Capsaicin >> Fingerspitzen >> Schweiß & Tränen

SÜSS

Die ursprünglichen Formen von Chili und Paprika waren alle scharf, wenn es auch mildere darunter gab. Erst seit den 1950er Jahren wurden in Ungarn wirklich

Stille Wasser sind scharf".

süße Paprika gezüchtet. Sie enthalten fast kein Capsaicin mehr, jenen Stoff, der für die Schärfe verantwortlich ist. Noch ein Wort zum Thema Süße: Die volle Süße, die für milde Paprika oft so typisch ist, entwickelt sich erst im vollreifen Zustand. Unreife süße Paprika schmecken fade und grasig.

>> Grün

TABASCO

Tabasco meint dreierlei. Einerseits einen mexikanischen Bundesstaat, zum zweiten eine Chilisorte aus der Gruppe Capsicum frutescens. Vor allem aber die weltberühmte Tabascosauce, die auf dieser Chilisorte basiert. Die genaue Rezeptur der seit 1868 hergestellten Würzsauce mit geschütztem Brandnamen ist ein streng gehütetes Geheimnis der Herstellerfirma McIlhenny. So viel aber ist bekannt: Tabascosauce besteht ausschließlich aus zerstoßenen Chilis, Essig und Salz. Ihr spezifischer Geschmack verdankt sich einem Fermentierungsprozess, den die Mischung dieser Zutaten im Zuge ihrer Lagerung in Eichenfässern durchläuft.

TAG & NACHT

Keimlinge, die gerade erst die Erde durchstoßen haben und sich im Zwei-Blatt-Stadium befinden, darf man auf keinen Fall zu viel gießen. Das führt leicht zur so genannten Umfall-Krankheit, ausgelöst durch einen Fusarium-Pilz – einer Gattung von Schimmelpilzen –, der die Pflanze genau zwischen Tag und Nacht, also dort, wo sie aus der Erde kommt, abfaulen lässt. Als „Nacht" bezeichnet der Gärtner unter der Erde, als „Tag" über der Erde.

>> Anzucht >> Durst

SEITE 194 >>

TAKANOTSUME

- Gattung: Capsicum annuum
- Schärfegrad: scharf bis sehr scharf
- Kultur: gleichermaßen gut geeignet für Glas- und Folienhaus, Töpfe und Freiland
- Wuchshöhe: im Freiland und im Topf bis zu 50 Zentimeter, im Glas- oder Folienhaus bis zu 130 Zentimeter
- Pflanze: ausladender, filigraner Wuchs // dunkelgrüne, spitz zulaufende Blätter // gleichmäßig über die ganze Pflanze verteilte, außen liegende Blüten
- Farbe: von Grasgrün auf Tomatenrot abreifend
- Frucht: klassische dünne, extrem lange Fisolenform mit sehr langem Stiel // dünnwandig // wachsen hängend // ca. zehn Zentimeter lang
- Geschmack: leicht bitter und herb // grasig, seifig mit einem zarten Vanille- und Marzipanton
- Reife und Ernte: mittelfrüh reifend // reich tragend

Die Früchte von ‚Takanotsume' haben die praktische Eigenschaft, auch in vollreifem Zustand an der Pflanze nicht abzufaulen, wenn man sie nicht erntet. Stattdessen trocknen sie ein und intensivieren dabei wunderbar ihre Fruchtfarbe und auch ihr Aroma. Diese Eigenschaft besitzen durchaus nicht alle Chilis.

TEARS OF FIRE

- Gattung: Capsicum annuum
- Schärfegrad: leicht scharf bis mittelscharf
- Kultur: gut geeignet für Glas- und Folienhaus, Freiland und Töpfe
- Wuchshöhe: im Freiland und im Topf bis zu 60 Zentimeter, im Glas- oder Folienhaus bis zu einem Meter
- Pflanze: aufrechte, mittelstark wachsende Pflanze // mittelgroße, dunkelgrüne, schmale Blätter // Blüten gleichmäßig auf der ganzen Pflanze verteilt
- Farbe: von Dunkelgrün auf Knallrot abreifend
- Frucht: runde, ganz klassische Kegelform mit glatter Oberfläche // dickfleischig // wachsen aufrecht // vier bis fünf Zentimeter lang
- Geschmack: obstig-fruchtig mit auffallendem Wechselspiel beim Verzehr zwischen Süße und leichter Schärfe
- Reife und Ernte: mittelfrüh reifend // reich tragend

TOCHIGI SANTARA

- Gattung: Capsicum annuum
- Schärfegrad: leicht scharf bis mittelscharf
- Kultur: gut geeignet für Glas- und Folienhaus, Freiland und Töpfe
- Wuchshöhe: im Freiland und im Topf bis zu 60 Zentimeter, im Glas- oder Folienhaus bis zu 120 Zentimeter
- Pflanze: extrem aufrechter Wuchs mit holzigen Zweigen, die sich beim Ernten wie Glas brechen lassen // glänzende, dunkelgrüne, spitz zulaufende Blätter mit auffallend langen Stielen // Büschel von zehn bis fünfzehn Blüten, die stets von einem Blätterkranz umgeben sind
- Farbe: von glänzendem Grün zu leuchtendem Rot abreifend
- Frucht: längliche, schmale Fisolenform mit Spitz // dünnwandig // wachsen stehend // zehn bis zwölf Zentimeter lang
- Geschmack: betont pfeffrig mit leicht herben Tönen und einer Schärfe, die sofort da ist
- Reife und Ernte: mittelspät reifend // extrem reich tragend

Chilis, die wie diese Sorte in Büscheln wachsen, begegnet man in den letzten Jahren immer häufiger. Das hat damit zu tun, dass sie sehr dekorativ sind, und auch damit, dass die Pflanze selbst quasi schon für eine ideale Verpackung zum Transport der Früchte gesorgt hat. Denn man kann sie einfach in ganzen Büscheln abbrechen. Zusätzlich bleibt die Frische der Früchte durch den Verkauf mitsamt Stängeln länger erhalten. Auch zu Hause kann man die Büschel einfach kopfüber an einem trockenen Ort aufhängen – am besten in der Küche – und dann bis zu drei Jahre lang verwenden. Das mühselige Auffädeln der einzelnen Früchte erspart man sich, weil die Pflanze sie selbst schon in für die Lagerung idealer Weise angeordnet hat.

TRINIDAD SCORPION

- Gattung: Capsicum chinense
- Schärfegrad: scharf bis sehr scharf
- Kultur: gut geeignet für Töpfe sowie für Glas- und Folienhaus
- Wuchshöhe: im Topf bis zu 60 Zentimeter, im Glas- oder Folienhaus bis zu einem Meter
- Pflanze: baumartig ausladender Wuchs // herzförmige, mittelgrüne Blätter // Blüten schütter regelmäßig über die ganze Pflanze verteilt
- Farbe: von Grün auf leuchtendes Gelborange abreifend
- Frucht: kleine Paprika-Blockform oder Habanero-Form // dünnwandig // wachsen hängend // fünf bis sechs Zentimeter lang
- Geschmack: tropenfruchtig nach Ananas, Banane, Passionsfrucht und Kaki, zudem sehr stark nach Himbeer-Destillat; die Schärfe kommt langsam und steigt dann stetig an, bis sie den ganzen Mundraum mit intensiver Schärfe ausfüllt
- Reife und Ernte: mittelspät reifend // mittelreich tragend

‚Trinidad Scorpion' ist ein ernsthafter Mitspieler im Bewerb um den schärfsten Chili der Welt. Eine Lösung dieses leidenschaftlich ausgetragenen Wettkampfes ist nicht in Sicht. Dazu ist Schärfe eine zu sehr individuelle Wahrnehmung. Aber ‚Trinidad Scorpion' ist immer ganz vorne mit dabei.

TOPF

Es gibt kaum Gemüsepflanzen, die sich so schön in Töpfen kultivieren lassen wie Chilis und Paprika. Während Töpfe für viele Pflanzen im Vergleich zum Freiland eher ein Notquartier darstellen, sind sie für Chilis das Pendant zu einer Fünf-Sterne-Unterkunft. Die Topfkultur kommt ihnen extrem entgegen: Sie haben es sehr gerne warm und Töpfe wärmen sich leicht und gut auf. Die Pflanzen brauchen auch nicht viel Erde und Expansionsspielraum für ihre Wurzeln – daher stören sie die beengten Verhältnisse eines Topfes nicht im Geringsten. Diese Art der künstlichen Begrenzung und Einschränkung scheinen sie so zu genießen, dass sie sogar als Einzelpflanze prächtig gedeihen (obwohl sie im Freiland nur schlecht ohne die Nähe von Artgenossen auskommen).

Es gibt kaum Gemüsepflanzen, die sich so schön in Töpfen kultivieren lassen wie Chilis und Paprika.

>> Anzucht >> Balkon >> Bitter >> Erde >> Hochbeet >> Nachbarn >> Wohnungswechsel

TOTENKOPF

Sehr viele der als extrem scharf ausgewiesenen Chilisaucen, die heute auf dem Markt sind und häufig zur Warnung sogar ein oder mehrere Totenkopfsymbole auf der Verpackung tragen, werden nicht aus frischen Chilis hergestellt, sondern aus hochkonzentrierten Chili-Essenzen, wie sie in dieser Konzentration in frischen Früchten niemals zu finden wären. Vor ein paar Jahren musste etwa in Österreich und Deutschland ein sehr scharfes Produkt vom Markt genommen werden, weil die zuständigen Behörden der Meinung waren, es sei auf dem Etikett nicht ausreichend darauf hingewiesen worden, um welchen extremen Schärfegrad es sich wirklich handelte. Da nützte auch die Gegenargumentation des Produzenten nichts, der der Meinung war, der Produktname hätte das unmissverständlich klargemacht. Die Sauce hieß „Schwiegermuttertod".

>> Capsaicin >> Ohnmacht >> Skala

TREND

Chilis sind in den letzten Jahren in Mitteleuropa sehr modern geworden, obwohl die Spitzengastronomie noch immer Angst davor hat. Ich selbst halte es für das Gewürz der Zukunft und kann überhaupt nicht die Meinung teilen, dass die Schärfe den Gaumen verdirbt. Für mich öffnet sie vielmehr die Geschmacksknospen. Chili hätte einen viel würdigeren Platz in der mitteleuropäischen Gastronomie verdient, als ihm derzeit noch zugewiesen wird. Die Erste, die Chili in der aktuellen österreichischen Spitzengastronomie salonfähig gemacht hat, war die aus Südkorea stammende Starköchin Kim Sohyi (www.kimkocht.at). Auch in den privaten Küchen hält Chili in den letzten Jahren immer stärker Einzug. Viele lernen auf Fernreisen in Südostasien, Südamerika, Indien oder der Karibik mit Chili gewürzte Speisen erstmals kennen und verlieben sich in das Kochen mit mehr Schärfe.

TROCKNEN

>> Auffädeln

TYPEN

Eigentlich spricht man, wenn man von Poblano, Jalapeño, Glockenpaprika, Kirschpaprika oder Wachspaprika etc. spricht, nicht von Sorten, sondern von Fruchttypen, und zwar von typischen Fruchtformen, die meist auch eine typische Schärfe und Verwendung haben. Aber leider sind auch das nur Tendenzen: Nehmen wir nur die berühmten Jalapeños, die die weltweit am meisten verkauften Chilis sind. Sie sind in der Regel rot, mittelscharf bis scharf und von außen extrem leicht an ihrer Kegelform mit der typischen rissigen Korkenbildung zu erkennen. Allerdings gibt es durchaus auch ganz milde Jalapeño-Sorten, zum Beispiel ‚NuMex Primavera'. Es bleibt dabei: Es gibt keine Regel, die einen von außen erkennen ließe, was einen bei einem Chili oder einem Paprika von innen erwartet.

>> Institut >> Narben >> Regel

UNGARN

In der ungarischen Küche kommt man an Letscho – zum Glück – nicht vorbei. Es ist ebenso köstlich wie einfach zuzubereiten und vielseitig zu kombinieren. Aber wie es so ist mit einfachen Gerichten: An ihnen zeigt sich die wahre Könnerschaft. Jeder kann sie, aber so richtig köstlich kriegt sie bei weitem nicht jeder hin. In Ungarn verwendet man für Letscho meistens gelben und roten Spitz- oder Taschenpaprika der Sorten ‚Cecei' und ‚Albaregia'. Ein selten verratenes Geheimnis unter ungarischen Profis ist aber die Verwendung von Apfelpaprika, den es süß und leicht scharf gibt – je nach Sorte. Anders als zum Beispiel in Österreich fiele es einem Ungarn niemals ein, für Letscho unreifen, grünen Paprika zu verwenden.

Hier ein einfaches und schnelles Letscho-Rezept aus dem ungarischen Kapuvár:

LETSCHO

Zutaten:
1 kg rote Fleischparadeiser
2 große Zwiebeln
1/2 kg Paprika
1 großer EL Schweineschmalz
1 TL Salz
etwas Pfeffer

Zwiebeln und Paprika grob schneiden. Im Schmalz glasig anbraten. Danach die halbierten und in Scheiben geschnittenen Paradeiser einrühren. Das Ganze einköcheln lassen, bis es die Konsistenz eines Schöpfgerichtes hat. Mit Salz und Pfeffer abschmecken. Ein bisschen frischer Chili sorgt gegebenenfalls für Schärfe. Letscho wird in Ungarn in der Regel als Hauptspeise gegessen, ebenso aber als Beilage zu Fleischgerichten gereicht.
Als kreative Rezeptabänderung empfiehlt es sich, Paprika und Zwiebeln nicht in Schweineschmalz, sondern mit Würfeln von Mangaliza-Speck anzurösten. Dazu isst man in Ungarn ausschließlich Weißbrot. Meine Mutter hat in das fertige Letscho kurz vorm Servieren rohe Eier eingerührt, was ebenfalls umwerfend gut schmeckt.

SEITE 198 >>

UBATUBA CAMBUCI

- Gattung: Capsicum baccatum
- Schärfegrad: leicht scharf bis mittelscharf
- Kultur: gut geeignet für Töpfe sowie für Glas- und Folienhaus
- Wuchshöhe: im Topf bis zu 80 Zentimeter, im Glas- oder Folienhaus bis zu zwei Meter
- Pflanze: ausladender, bis zu einen Quadratmeter in Anspruch nehmender Wuchs // hellgrüne, rundliche Blätter // Blüten schütter über die ganze Pflanze verteilt
- Farbe: von Hellgrün auf knalliges, leuchtendes Rot abreifend
- Frucht: die sternanisförmigen Früchte gleichen einer leicht eingefallenen Bischofsmütze oder erinnern auch an einen glockenförmigen Lampion // mittel dickwandig // wachsen hängend, wobei der Stiel oft doppelt so lang ist wie die Frucht // vier bis sechs Zentimeter Länge
- Geschmack: gemüsig, nach jungen Zuckererbsen und Zuckermais
- Reife und Ernte: sehr spät reifend // schwach tragend

Die Pflanzen dieser Sorte kommen nicht ohne stützende Stäbe aus und nehmen einigen Platz in Anspruch. Sie entwickeln sich auch nur dann wirklich gut, wenn sie sich ausbreiten dürfen und richtige Bäumchen bilden können. Bei Hobbygärtnern und -gärtnerinnen sind sie wegen ihrer eigenwilligen, wunderschönen Früchte sehr beliebt. Geschmacklich zeichnen sie sich durch besondere Fruchtigkeit und Saftigkeit aus – vor allem in heißen Sommermonaten sind sie sehr erfrischend.

VERARBEITEN

>> Essig >> Marmelade >> Öl >> Pulver >> Sauer >> Schnaps

VERKOSTUNG

Wer bei Chiliverkostungen nur an die Schärfe denkt, liegt völlig falsch. Verkostungen mehrerer unterschiedlicher Sorten sind sehr reizvoll, wenn man weiß, wie man es richtig macht. Man kann sie nämlich rasch ad absurdum führen, wenn man gleich am Anfang unkontrolliert in ein paar scharfe Habaneros beißt und vielleicht noch ganze Stücke davon isst. Dann dominiert die Schärfe so vollkommen, dass es einem nicht mehr möglich ist, die anderen Aromen der Chilifrüchte wahrzunehmen, geschweige denn zu beschreiben.
Auch ich selbst habe Jahre gebraucht, um einen richtigen Modus für den Ablauf von Chiliverkostungen zu entwickeln. Worum es mir ging: Erstens wollte ich, dass es möglich ist, neben der Schärfe auch die sonstige Aromenvielfalt der Früchte herauszuarbeiten. Und zweitens wollte ich erreichen, dass auch Menschen, die nicht gern scharf essen, an solchen Verkostungen teilnehmen können.
Inzwischen weiß ich, wie es geht. Es ist sehr einfach und beginnt schon einmal damit, dass man die Früchte an zwei unterschiedlichen Orten – zum Beispiel auf

zwei Holzbrettern – schneidet. Zusätzlich verwendet man an jedem Ort ein eigenes Messer. Wichtig ist, dass die Messer skalpellscharf sind, sodass man mit ihnen präzise Schnitte ausführen kann.
Auf dem einen Brett findet eine Art Vorstufe der Verkostung statt. Hier geht es weniger um die Schärfe als um die Aromen. Dabei werden die Chili-Kostproben so geschnitten, dass nur das reine Fruchtfleisch ohne geringsten Anteil von Scheidewänden und Kernen, in denen sich die Schärfe konzentriert, verkostet wird. Wenn das erledigt ist, wird der angeschnittene Chili auf das zweite Brett weitergereicht und dort auf seine Schärfe hin verkostet. Diesmal mit kleinen Fruchtstücken, die auch Anteile von Scheidewänden, Kernen und Gebärmutter enthalten. Ideal wäre es, wenn man sich die Mühe machte, für jede Chilisorte ein frisches Messer zu verwenden, damit man kein verfälschtes Schärfebild bekommt, weil an der Messerklinge noch Restsaft von der vorhergehenden Sorte verblieben ist.
Bewährt hat es sich bei Chiliverkostungen auch, Butter und Brot auf den Tisch zu stellen. Sie sind im Geschmack relativ neutral. Ein zwischendurch genossenes, kleines Stückchen Butter oder Butterbrot neutralisiert die Schärfe, weil das Fett das Capsaicin der Chilis löst.

>> Capsaicin >> Fingerspitzen

VERKREUZEN

Das Verkreuzen von Chili- und Paprikasorten ist kein zu vernachlässigendes Thema. Reinsortiges Saatgut kann nur dadurch entstehen, dass reinsortig angebaut wird – sprich: nur Pflanzen von einer einzigen Sorte in einem Garten angebaut werden. Die zweite Möglichkeit ist der geschützte Anbau, bei dem Blüten mit Insektenschutzgittern oder Gazesäckchen isoliert werden, damit keine Sortenverkreuzung stattfinden kann.

SEITE 202 >>

VICENTES ANNUM

- Gattung: Capsicum chinense
- Schärfegrad: süß
- Kultur: gut geeignet für Töpfe sowie für Glas- und Folienhaus
- Wuchshöhe: im Topf bis zu 60 Zentimeter, im Glas- oder Folienhaus bis zu 80 Zentimeter
- Pflanze: schirmförmiger Wuchs // hellgelb-grüne, herzförmig-rundliche, gewellte Blätter // Blüten gleichmäßig über die Pflanze verteilt, mit deutlich erkennbarem Schwerpunkt im Zentrum der Pflanze
- Farbe: von Grün auf Knallrot abreifend
- Frucht: die Früchte haben eine Habanero-Form mit langem, zartem Stiel // dünnwandig // wachsen hängend // sechs Zentimeter groß
- Geschmack: sehr süß und extrem fruchtig mit dem Aroma reifer Beeren und leichten Kirschtönen
- Reife und Ernte: früh reifend // extrem reich tragend

Wenn die Leute einen Salatpaprika wollen, suchen sie immer nach einem dickfleischigen. Dünnfleischige werden oft abgelehnt. Neben vielen anderen köstlichen dünnfleischigen Sorten tritt auch ‚Vicentes annum' den Beweis an, dass das Dünnfleischige viele Vorteile haben kann. Erstens: Dünnfleischige Sorten haben mindestens so viel Aroma wie dickfleischige. Zweitens: Von der Struktur her bilden Haut und Fleisch eine schöne Einheit. Drittens: Beim Zubereiten von Salaten braucht man sich bei dünnfleischigen Sorten nicht lange mit dem mühsamen Herausschneiden schwammiger Scheidewände herumzuärgern. Und viertens: Dünnfleischige kann man im Gegensatz zu dickfleischigen Sorten, die zu rascherem Verfaulen neigen, deutlich länger in reifem Zustand auf der Pflanze lassen und auf diesem Wege schon vortrocknen. Dabei verdichtet sich auch ihr Aroma deutlich.

<< SEITE 199

Die dritte Variante, die ich bei meiner Saatgutgewinnung sehr oft verwende, ist das nebeneinander Anbauen von unterschiedlichen Sorten, die auch unterschiedlichen Arten angehören. Das heißt: Ich pflanze zum Beispiel eine Sorte von Capsicum annuum nur neben eine Sorte von Capsicum chinense oder Capsicum pubescens, weil sich die Sorten nicht artübergreifend kreuzen können. Dafür bedarf es allerdings einigen Expertenwissens. Der Hobbygärtner greift vielleicht eher auf Variante eins oder zwei zurück.

>> **Familienbande** >> **Nachbarn** >> **Samen**

VIOLETT

Es gibt keine grünen Chilis oder Paprika, bei denen es sich um reife Früchte handelt. Die meisten Sorten reifen von Grün auf Rot oder von Grün auf Gelb. In einer Vorstufe zum Grün sind unreife Früchte – unmittelbar nach der Blüte – sehr häufig violettschwarz.

>> **Grün**

WACHS

Einen interessanten Tipp zur längeren Lagerung von frischem Paprika und Chili habe ich aus Oberösterreich bekommen. Unmittelbar nach der Ernte taucht man die Stängel der Früchte in flüssiges Wachs und versiegelt sie auf diese Weise. Dadurch bleiben sie wochenlang knackig frisch – auch ohne Kühlschrank.

WÄRME

Chilis sind einfach Kinder wärmerer Länder, die bei uns gerne zu Gast sind und denen man zum Gedeihen ähnliche Bedingungen wie zu Hause schaffen muss, damit sie sich heimisch fühlen und gut entwickeln können. Das Wichtigste für ihr Wohlbefinden ist Wärme, Wärme und noch einmal Wärme.

>> **Anzucht** >> **Standort**

WEISS

Wenn sich der Stamm einer Chili- oder Paprikajungpflanze von grün auf weiß umfärbt, dann ist es um die Pflanze geschehen. Dann hat sie nicht mehr die

SEITE 208 >>

YELLOW POINTY

- Gattung: Capsicum chinense
- Schärfegrad: scharf bis sehr scharf
- Kultur: gut geeignet für Töpfe sowie für Glas- und Folienhaus
- Wuchshöhe: im Topf bis zu 70 Zentimeter, im Glas- oder Folienhaus bis zu einem Meter
- Pflanze: extrem ausladende, filigrane Pflanze // hellgrüne, längliche Blätter // Blüten dicht und regelmäßig in kleinen Gruppen über die ganze Pflanze verteilt
- Farbe: von Grün auf Knallgelb abreifend
- Frucht: tropfenförmig mit deutlich erhabenem, wulstigem Ring im oberen Drittel der Frucht // dünnwandig // wachsen hängend // sieben bis acht Zentimeter lang
- Geschmack: zitronig-melonig und säuerlich scharf, deutliche Anklänge an einen typischen Habanero-Geschmack
- Reife und Ernte: mittelspät reifend // sehr reich tragend

YONG JIU QING JIAO

- Gattung: Capsicum annuum
- Schärfegrad: süß
- Kultur: gut geeignet für Freiland, Töpfe und für Glas- und Folienhaus
- Wuchshöhe: im Freiland und im Topf bis zu 50 Zentimeter, im Glas- oder Folienhaus bis zu 80 Zentimeter
- Pflanze: kompakter, stockiger Wuchs // dunkelgrüne, spitz zulaufende Blätter // Blüten ausgesprochen zentriert im Herzen der Pflanze // extrem deutlich vorhandene Königsblüte, manchmal erscheint es so, als wären es sogar mehrere
- Farbe: von Grün auf Dunkelrot abreifend
- Frucht: schneeballgroße Früchte, die auf den ersten Blick so wirken, als hätten sie die klassische Blockpaprikaform, allerdings sehen sie von oben betrachtet faltig aus wie eine pummelige, geschlossene Rosenblüte // mittel dickfleischig // wachsen stehend und hängend // ca. acht Zentimeter im Durchmesser
- Geschmack: auffallend süß mit Waldbeerenaromen
- Reife und Ernte: extrem früh reifend // sehr reich tragend

Diese chinesische Sorte verlangt viel Fingerspitzengefühl und Umsicht bei der Ernte der Früchte. Sie sitzen so dicht an dicht im Herzen der Pflanze zusammen, dass es fast unnatürlich wirkt, so, als hätte man sie zum Zweck einer Fotomontage hineingeklebt. Am besten ist es, ihnen mit einer Schere zu Leibe zu rücken und sie vorsichtig am Stiel abzuschneiden.

<< SEITE 202

Kraft, Seitentriebe zu entwickeln. Zu einer solchen Weißfärbung kommt es dann, wenn Jungpflanzen zu früh und ohne vorherige Abhärtung ins Freie kommen. Oft ist auch ein unerwarteter Temperatursturz dafür verantwortlich. Zu retten ist die Pflanze dann nicht mehr.

Chilis sind einfach Kinder wärmerer Länder, die
und denen man zum Gedeihen ähnliche Bedingungen
damit sie sich heimisch fühlen und

Umgekehrt erkennt man eine vitale und gesunde Pflanze daran, dass ihr Stamm sich in den Farben hellgrün, dunkelgrün oder violett präsentiert.

>> Abhärten >> Anzucht >> Pikierstab >> Wohnungswechsel

WEISSER CHILI

Von der chinesischen Tradition des weißen Chilis hat mir mein burgenländischer Freund Gerald Zhang-Schmidt erzählt, der ein großer Chilikenner ist. Zudem stammt seine Frau aus China. Weißes Chilipulver, „Bai La Jiao", ist eine Spezialität Hunans, der Provinz und gleichnamigen Küche, die ohnehin für ihre Schärfe bekannt ist.
Zur Herstellung wird Chili blanchiert und in der starken Sommersonne getrocknet, wobei die Haut der Früchte ausbleicht und eine säuerliche Note entwickelt. Farbe und Aroma schätzt man vor allem bei der Zubereitung von Fischgerichten.

>> China

WOHNUNGSWECHSEL

Chilis und Paprika lieben es, mehrmals umgetopft zu werden. Es empfiehlt sich, wenn man die Größe der Töpfe mit der zunehmenden Entwicklung der Pflanze quasi mitwachsen lässt. Anders gesagt: Der Keimling aus dem Eierschalenkarton, in dem er angezüchtet wurde, wechselt erst in einen Ein-Liter-Topf, dann – wenn er schon deutliche Blütenansätze zeigt – in einen Drei-Liter-Topf, dann, einige Wochen später, in einen Zehn-Liter- und schließlich, wieder nach ein paar Wochen, in einen Dreißig-Liter-Topf. Chilis und Paprika gehören damit zu den Pflanzen, die alles andere als beleidigt reagieren, wenn man sie öfter umquartiert – im Gegenteil.

>> Anzucht >> Balkon >> Erde >> Topf

WÖRTERBUCH

Die Botanik kennt nur eine Bezeichnung für die Gattung Paprika, nämlich Capsicum. Und das ganz unabhängig davon, ob es sich um einen süßen oder scharfen Paprika handelt. So weit alles klar. Verwirrend wird es erst, wenn Deutschsprachige aus verschiedenen Regionen sich über Paprika unterhalten wollen. Da herrscht dann babylonische Sprachverwirrung. In Deutschland heißen die süßen Sorten im Singular „die Paprika", in Österreich „der Paprika". In der Schweiz und in Südtirol ist von „Peperoni“ die Rede. Wenn aber ein Deutscher „Peperoni“ sagt, meint er keine süße, sondern eine scharfe Paprika. Anders als der Österreicher, der in solchen Fällen von Pfefferoni spricht, während Schweizer und Südtiroler das Wort „Peperoncini“ verwenden – erneut in Anlehnung ans

s gerne zu Gast sind
Hause schaffen muss.
twickeln können.

Italienische. Wer sich diesbezüglich erst gar nicht aufs Glatteis begeben will, rettet sich, indem er für scharfe Paprika einfach den Ausdruck „Chili“ verwendet, der sich in den letzten Jahren ohnehin massiv in den Vordergrund drängt. In diesem Buch wird der Einfachheit halber zwischen süßen Paprika und scharfen Chilis unterschieden.

>> Duden

ZENTIMETER

Manche sind klein und rund wie Kirschen, andere groß wie Schlangengurken – tatsächlich reichen die Größen von Chili- und Paprikafrüchten von stecknadelkopf- (wie die Sorte ‚Birdeye‘) bis zu ziegelgroß (wie die Sorte ‚Kalifornisches Wunder‘), und von kaum ein paar Gramm bis zu fast einem Kilo schwer.

>> Spitz & rund

ZÖPFE

Die traditionelle ungarische Art, Chilis und Paprika für die Herstellung von Pulver zu trocknen, ist es, die Früchte in langen Zöpfen, Girlanden oder Schlangen an nicht sonnenbeschienenen, jedoch überdachten und luftigen Hausfassaden aufzuhängen. Schattig müssen die Plätze zum Trocknen deswegen sein, weil direkte Sonnenbestrahlung die Früchte ausbleichen würde. Dadurch bekäme das gemahlene Pulver später eine sehr viel weniger intensiv rote Farbe.

>> Auffädeln

ZHOU PI LA JIAO

- Gattung: Capsicum annuum
- Schärfegrad: leicht scharf bis mittelscharf
- Kultur: gut geeignet für Freiland, Töpfe sowie für Glas- und Folienhaus
- Wuchshöhe: im Freiland und im Topf bis zu 60 Zentimeter, im Glas- oder Folienhaus bis zu 80 Zentimeter
- Pflanze: aufrechter Wuchs mit wenigen Verzweigungen // dunkelgrüne, spitz zulaufende Blätter // Blüten locker im inneren Bereich der Pflanze verteilt
- Farbe: von Hell- und Dunkelgrün auf dunkles Rot abreifend
- Frucht: die Früchte sehen zusammengedrückt aus wie der Balg einer Ziehharmonika, meist sind sie zusätzlich noch gekrümmt // dünnfleischig // wachsen hängend // bis zehn Zentimeter lang
- Geschmack: leicht herber Geschmack mit wenig Süße und klarem Pfefferton
- Reife und Ernte: mittelspät reifend // mittelreich tragend

Der chinesische Name dieser Sorte heißt übersetzt „Runzelhautpfeffer“ und bezieht sich wenig überraschend auf das skurrile Aussehen der Früchte. Wollte man sich für ihre Beschreibung einer etwas expliziteren Ausdrucksweise bedienen, wäre es wohl am treffendsten, sie mit einem nicht erigierten Penis zu vergleichen, dem die Vorhaut etwas zurückgezogen wurde. In jedem Fall ist ‚Zhou Pi La Jiao‘ mit keinem anderen Chili zu verwechseln. Die Sorte zeichnet sich auch dadurch aus, dass die reifen Früchte, wenn sie an der Pflanze bleiben, nicht verfaulen, sondern gleichsam optimal trocknen, sodass man sie – wenn man will – gleich anschließend im Mörser zu grobem Pulver oder zu Chiliflocken weiterverarbeiten kann.

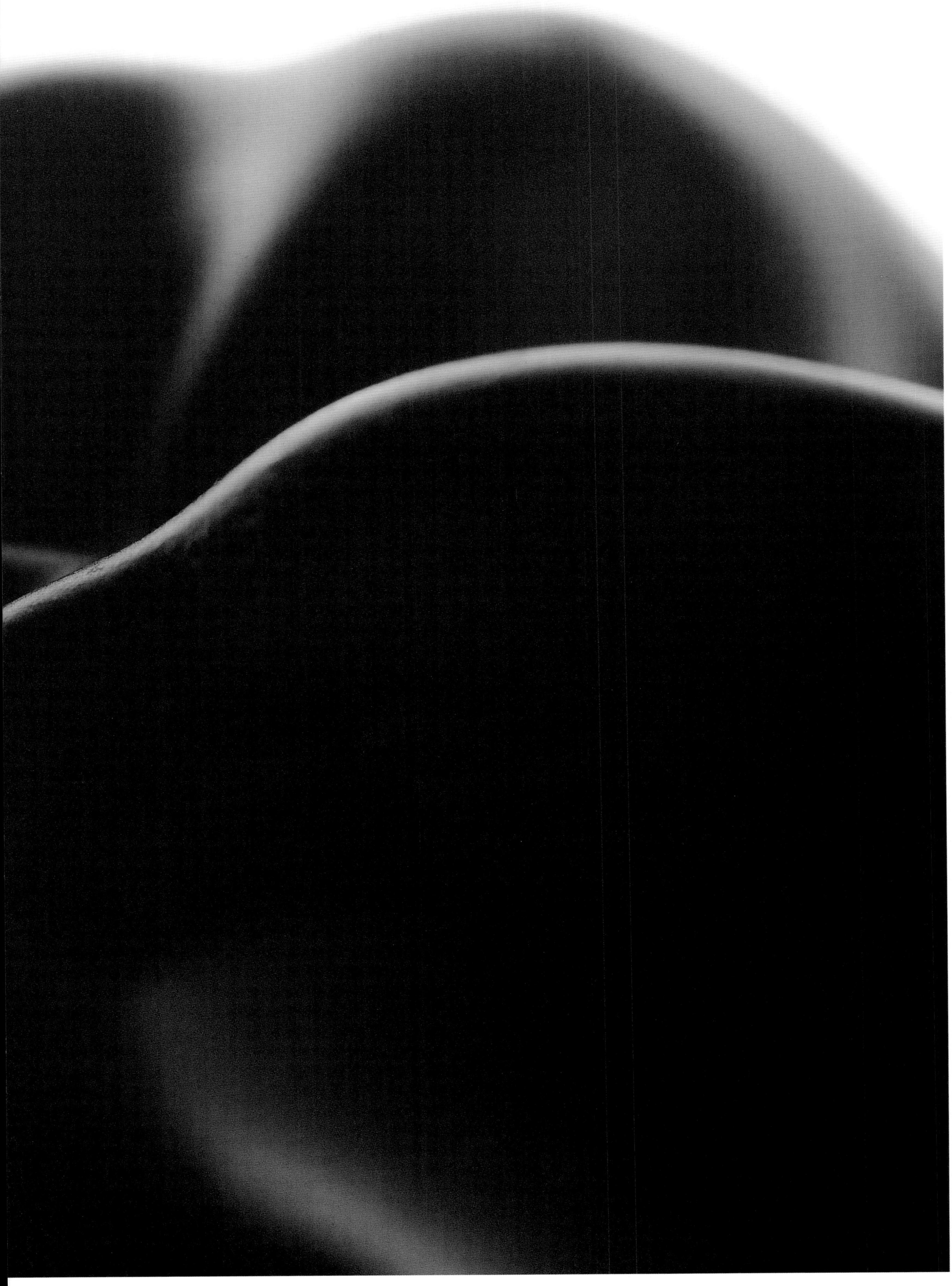

„Die einzige Regel bei Chilis is

REZEPTE

dass es keine Regel gibt."

Glasierter Bachsaibling mit Petits-Becs-Chili, cremiger Teriyaki-Sauce und Lauchblatt

für 4 Personen

- 4 x 100 g Bachsaiblingsfilet
- 4 große Lauchblätter
- 1/8 l Teriyaki-Sauce
- 100 g Mayonnaise
- 4 EL Olivenöl
- 2 EL Balsamico-Essig
- 20 g Petits-Becs-Chilis
- Meersalz
- getrockneter Limetten-Chili

Die Lauchblätter mit etwas Öl, Balsamico-Essig und Salz marinieren und im Dämpfer für 3 Minuten garen.

Die Bachsaiblingsfilets in etwas Öl hautseitig anbraten und warm stellen, sodass das Fleisch glasig und medium rare ist. Die Teriyaki-Sauce mit etwas Mayonnaise glattrühren und abschmecken.

Die Lauchblätter mit dem lauwarmen Bachsaiblingsfilet auf einem Teller anrichten und mit frischen Petits-Becs-Chilis und Meersalz würzen. Mit der cremigen Teriyaki-Sauce und dem getrockneten Limetten-Chili vollenden.

Empfehlenswerte Chilisorte für dieses Gericht:

‚Limo'

Glasierte Ente mit Habanero-Chili, saftiger Mango und gedämpftem Reis

für 4 Personen

1 ganze Ente (2,5 kg)
100 g klarer Honig
1/4 l dunkle Sojasauce

400 g gekochter Jasmin-Duftreis
2 reife Mango, halbiert
4 ganze Habanero-Chilis

Für die Sauce:
1 l Entenjus oder Saft
100 g dicke süße Sojasauce
50 g frischer Ingwer
1/8 l Rotwein-Essig
Salz und Pfeffer

Die ganze Ente in kochendem Wasser für 5 Minuten blanchieren, danach für 1 Stunde bei Zimmertemperatur trocknen lassen. Mit etwas Honig und Sojasauce einreiben und im Ofen bei 180 °C für 40 Minuten braten. Während des Bratvorgangs die Ente immer wieder drehen, wenden und glasieren.

Für die Sauce den entstandenen Bratensaft abseihen, kalt stellen und das überschüssige Fett entsorgen. Den restlichen Bratensaft mit der süßen Sojasauce, Ingwer, Rotwein-Essig, Salz und Pfeffer abschmecken.

Die Ente entbeinen, in 4 Portionen aufteilen und auf dem Jasmin-Duftreis anrichten. Je 1 Mangohälfte und Habanero-Chili beigeben, mit heißer Sauce nappieren und rasch servieren.

Empfehlenswerte Chilisorte für dieses Gericht:
‚Habanero Red'

Nuss-Eis-Satays auf Limetten-Chili und Himbeersaucetropfen

für 4 Personen

Für die Schokoladenmousse:

4 Eidotter
100 g Bitterschokolade (70 % Kakaoanteil)
8 Blatt Gelatine
250 g Obers
1/8 l Whiskey oder Cognac zum Abschmecken
Zucker

Für den Krokant:

200 g Mandeln
200 g Zucker
80 g Nougat

Für die Glasur:

100 g Bitterschokolade
etwas Wasser

Für die Garnitur:

1 Handvoll frische Limetten-Chilis
1/8 l Himbeersauce
ungesüßtes Kakaopulver

2 Terrinenformen
Klarsichtfolie
16 Holzspieße
4 Bananenblätter zum Anrichten

Für die Schokoladenmousse die Eidotter mit Zucker über einem Wasserbad kurz warm schlagen (bei 40 °C). Dann in eine gekühlte Schale geben und kalt schlagen. Die Bitterschokolade und die in Wasser aufgelöste Gelatine langsam einrühren, mit Whiskey oder Cognac abschmecken. Obers steif aufschlagen und darunterheben. Kalt stellen.

Für den Krokant Mandeln goldbraun rösten, etwas trocknen lassen und grob reiben. Den Zucker in einer Pfanne karamellisieren, Nougat hinzugeben, schmelzen lassen und die geriebenen Mandeln dazugeben.

Die Schokoladenmousse mit dem Krokant vermischen und in 2 mit Klarsichtfolie ausgelegte Terrinenformen füllen. Bei –3 °C in der Tiefkühltruhe kurz anfrieren.

Die Mousse aus der Form nehmen und in 4 Portionen aufschneiden. Pro Portion jeweils 2 Holzspieße (Satays) von oben einstechen. Jede einzelne Portion in geschmolzene und mit etwas Wasser verdünnte Bitterschokolade eintunken. Jede Portion muss komplett mit Schokolade überzogen sein. Kalt stellen.

Die Satayspieße auf den Bananenblättern mit Limetten-Chilis und Himbeersaucetropfen anrichten. Nach Belieben mit fein-herbem Kakaopulver bestreuen.

Empfehlenswerte Chilisorte für dieses Gericht:

‚Beni Highland'

Marinierter Rettich und Eiszapfen mit Chili, Kamut und Passionsfrucht

Für den Rettich:

- 1 weißer Daikon-Rettich
- je 1 grüner und roter scharfer Chili
- 2 EL gewürzter Sushiessig

Für die marinierten Eiszapfen:

- 500 g Eiszapfen-Rettiche
- 1,25 l Wasser
- 0,5 l weißer Balsamessig
- 250 g Zucker
- 35 g Salz
- 1/2 EL Senfkörner
- 1–2 Lorbeerblätter
- etwas Fenchel, Pfefferkörner, Koriandersamen
- 1 Knoblauchzehe
- etwas Xanthan

Für die Passionsfruchtsauce:

- 180 g Passionsfruchtsaft
- 90 g Zucker
- etwas Stärke

Für die Passionsfrucht-Mayonnaise:

- 100 g Eigelb (3–4)
- 100 g Passionsfruchtsauce
- Zucker, Salz
- 300 g Sonnenblumenöl
- Cayennepfeffer

Für das Passionsfrucht-Gelee:

- 500 g Passionsfruchtsaft
- 180 g Zucker
- 50 g vegetarische Gelatine

Für die japanische Avocado-Marinade:

- 2 vollreife Avocados
- 1 TL Sushi-Ingwer (eingelegter Ingwer), gehackt
- 60 g süßer Reisessig
- 20 g Honig
- 15 g helle Sojasauce
- 30 g heißer Geflügelfond
- 15 g passierte Sweet Chilisauce
- etwas Mirin (süßer Reiswein)
- 1 Msp. Xanthan
- 120 g Sonnenblumenöl

Für den knusprigen Kamut:

- Kamutkörner
- Fett zum Frittieren

Chilis fein schneiden und mit Sushiessig vermischen. Rettich in dünne Streifen hobeln, darin kurz einlegen und anrichten.

Für die Eiszapfen-Marinade alle Zutaten bis auf die Eiszapfen gemeinsam aufkochen, mit etwas Xanthan binden und 20 Minuten ziehen lassen. Anschließend durch ein Sieb gießen und überkühlen lassen.

Eiszapfen in gesalzenem Wasser knapp weich kochen und heiß in Gläser füllen, mit der kochenden Marinade übergießen. Gut verschließen und ca. 7 Minuten bei 95 °C im Dampf sterilisieren.

Den Passionsfruchtsaft aufkochen und mit etwas Stärke binden. 100 Gramm davon für die Mayonnaise beiseite stellen und den Rest in eine Dossierflasche füllen.

Eigelb und Passionsfruchtsauce verrühren, Öl unter ständigem Rühren langsam einlaufen lassen und wie eine Mayonnaise aufschlagen. Abschmecken mit etwas Salz und einer winzigen Prise Cayennepfeffer, eventuell noch etwas nachsüßen. In eine Dossierflasche füllen.

Passionsfruchtsaft und Zucker aufkochen, Gelatinepulver einrühren, kurz mitköcheln. 1 Zentimeter hoch in eine mit Folie ausgekleidete Form gießen und 2 bis 3 Stunden kühlen. In 1x1 Zentimeter große Würfel schneiden.

Für die japanische Marinade alle Zutaten bis auf die Avocados miteinander verrühren, Öl in das erwärmte Dressing einschlagen, nicht mixen!

Avocados in kleine Ecken schneiden, mit etwas Marinade einvakuumieren und ca. 2 Stunden ziehen lassen. Anschließend aus der Marinade nehmen und mit Sushi-Ingwer anrichten. Den Rest der Marinade angießen.

Kamutkörner in leicht gesalzenem Wasser gut weich kochen, im Backrohr bei ca. 60 °C trocknen und in ca. 190 °C heißem Fett knusprig frittieren. Fett abtropfen lassen und leicht übersalzen.

Alles gemeinsam anrichten.

Empfehlenswerte Chilisorte für dieses Gericht:

‚Naso di Cane' (unreif/grün und reif/rot)

Glasierte Rouille-Cannelloni, marinierte Tomatillo, Bouillabaissesud, Chili & Puntarelle

Für die Cannelloni:

500 g Hartweizengrieß
100 g Eier
100 g Dotter
50 ml Wasser
etwas Olivenöl
Salz
1 Eigelb zum Bepinseln
etwas Gemüsefond
etwas Butter

Für die Rouillecreme:

600 g rote Paprika, geschält
40 ml Olivenöl
1 Knoblauchzehe
Paradeismark
etwas Safran
Noilly Prat zum Ablöschen
Salz
Cayennepfeffer
100 g gekochte ausgedämpfte Kartoffeln, passiert
2 Eigelb

Für den Bouillabaissesud:

1/2 l Fischfond
1/2 l Muschelfond (ersatzweise 1 l Gemüsefond)
120 g Fenchel
2 Schalotten
2 Knoblauchzehen
80 g Stangensellerie
100 g halbgetrocknete Ofenparadeiser
Olivenöl
3 EL Paradeismark
etwas Safran
Noilly Prat und Pernod zum Ablöschen
Salz
Piment d'Espelette
1 Prise Zucker

Für den Bouillabaissesud:

5 violette Tomatillo
100 g passiertes Paradeispüree, frisch gemixt
18 g Sherryessig (7 %)
38 g Paradeisessig
40 g Staubzucker
10 g Salz
10 g Ketchup
150 g Olivenöl
Basilikumblätter

Für die Puntarelle:

Puntarelle-Spitzen
mittelscharfe Chilis, halbiert und entkernt
Salz
etwas Gemüsefond
1 Butterflocke

Basilikumkresse zum Garnieren

Für den Nudelteig alle Zutaten zu einem glatten festen Teig kneten und ruhen lassen. Dann Nudelteig ausrollen, 16 Platten à ca. 8 x 8 Zentimeter zurechtschneiden und in Salzwasser al dente kochen. Nochmals zurechtschneiden und mit etwas Olivenöl bepinselt zwischen Klarsichtfolie aufbewahren.

Für die Rouillecreme Paprika und Knoblauch in Olivenöl ohne Farbe anschmoren, Paradeismark und Safran dazugeben und mit dem Noilly Prat ablöschen. Zugedeckt bei geringer Hitze weichschmoren. Wenn die ganze Flüssigkeit verdunstet ist, feinst pürieren, unter die passierten Kartoffeln rühren und abschmecken. Die Eigelb hinzufügen und die Masse auskühlen lassen.

Nun die Nudelteigplatten dünn mit der Masse bestreichen, den letzten Zentimeter frei lassen, diesen mit Eigelb bepinseln und Platten einrollen. In etwas Gemüsefond mit Butter setzen, kurz aufkochen und zugedeckt ziehen lassen.

Für den Sud Gemüse in Olivenöl anschmoren, etwas Paradeismark und Safran dazugeben und mit Noilly Prat und etwas Pernod ablöschen. Kurz einkochen, mit Fond aufgießen und ca. 1/2 Stunde leicht simmern lassen. Durch ein Sieb passieren, mit etwas Olivenöl aufmixen und die halbgetrockneten Ofenparadeiser als Bindung einmixen. Abschmecken mit etwas Salz, Piment d'Espelette und einer Prise Zucker.

Für die Paradeismarinade alle Zutaten bis auf die Tomatillo zusammenmischen. Wichtig: Öl nur mit dem Schneebesen einschlagen, nicht mixen. Basilikumblätter auflegen und ziehen lassen. Dann in ein Einmachglas füllen und vor Gebrauch gut schütteln. Tomatillo in dünne Scheiben schneiden und mit der Paradeismarinade marinieren.

Die Puntarelle-Spitzen zurechtschneiden und in kochendem Salzwasser rasch blanchieren. In gesalzenem Eiswasser abschrecken und mit den Chilis und einer Prise Salz in etwas Gemüsefond mit Olivenöl und einer Flocke Butter glasieren.

Alles gemeinsam anrichten und mit etwas Basilikumkresse garnieren.

Empfehlenswerte Paprikasorten für die Rouillecreme:
'Italian Sweet', 'Paradeispaprika Lozi'

Empfehlenswerte Chilisorte für die Puntarelle: 'Marbles'

Kokos, weiße Schokolade, Buddhas Hand & Erichs Paprika

Für die Joghurtmousse:

200 g griechischer Joghurt
100 g Joghurt
100 g weiße Schokolade, geschmolzen
10 g Staubzucker
1 Spritzer Zitronensaft
3 Blatt Gelatine
Cointreau
200 g Obers

Für die Kokos-Dacqouise:

180 g Staubzucker
200 g Kokosraspeln
25 g Mehl
250 g Eiweiß
60 g Zucker
Salz

Für das Kokosgel:

500 g Kokospüree
500 g Kokosmilch
7 g Gellan (Geliermittel)
50 g Batida de Coco
Zucker
Zitronensaf

Für das Joghurteis:

250 g Joghurt
250 g Sauerrahm
20 g Milchpulver
60 g Zitronensaft
100 g Staubzucker

Für die Joghurtchips:

300 g Apfelsaft (Cox Orange)
45 g Albumin (Eiweißpulver)
20 g Zucker
30 g Yopol (Joghurtpulver)

Für den Joghurtcrumble:

100 g Mehl
100 g Butter
100 g Zucker
100 g Yopol (Joghurtpulver)

Für die Buddhas Hand:

Buddhas Hand (Zitronen)
Läuterzucker

Für die Paprika:

süße Paprika nach Belieben
15 g Kristallzucker
1 EL Butter
40 ml Paprikaessig
Apfelsaft
etwas Vanillemark

Joghurt und weiße Schokolade miteinander glatt rühren, Zitronensaft und Staubzucker unterrühren. Gelatine in erwärmtem Cointreau auflösen und in die Masse einrühren. Obers aufschlagen und unterheben. Masse in ein mit Azetatfolie ausgelegtes Blech füllen.

Für die Dacquouise Staubzucker, Raspeln und Mehl mischen. Eischnee mit 60 g Zucker steif schlagen, Mehlgemisch unterheben, 8 Minuten bei 170 °C backen. Nach dem Backen direkt auf der Mousse andrücken und schockfrosten.

Für das Kokosgel alle Zutaten kalt ansetzen, aufkochen, auskühlen lassen, mixen und vakuumieren. Für das Joghurteis alle Zutaten miteinander glattrühren.

Für die Chips die trockenen Zutaten mischen, zusammen mit dem Apfelsaft aufschlagen. Einen Teil der Masse kreisförmig auf Dörrmatten aufstreichen, den anderen Teil aufdressieren. Im Dörrgerät trocknen.

Für den Crumble die Butter weiß schaumig schlagen, mit den übrigen Zutaten von Hand zu einem Teig verarbeiten, voll vakuumieren und kühlen. Bei 130 °C mit Alufolie abgedeckt trocken backen.

Die Buddhas Hand mit einem Trüffelhobel der Länge nach dünn hobeln. Dreimal in kaltem Wasser ansetzen und aufkochen, um die Bitterstoffe auszukochen.

Läuterzucker im Verhältnis 1:1 herstellen. Die Zitronen in einen Vakuumbeutel geben, Läuterzucker hinzugeben und vakuumieren. Bei 90 °C ca. 8 Minuten dämpfen, abschrecken.

Die Paprika schälen und akkurat zurechtschneiden. Butter aufschäumen, Paprika hinzufügen und mit dem Zucker leicht glasieren. Mit etwas Paprikaessig ablöschen und mit Apfelsaft und etwas Vanillemark schmoren.

Alles gemeinsam anrichten.

Empfehlenswerte Paprikasorten für dieses Gericht:

‚Ecuadorian Sweet', ‚Miniature Yellow'

Chili mit Emmerkorn-Vinaigrette

für 4 Personen

4 Jalapeños
1 kleiner Chinakohl
1 TL Lavendelöl
2 Schaffrischkäse-Gupferl
Kräutersalz

Für die Emmerkorn-Vinaigrette:
2 Schalotten
Rapsöl
100 g Emmerkorn-Reis
80 ml Gemüsefond
80 ml Grüner Veltliner
Paradeisessig
Distelöl
Bergkernsalz

Für die Vinaigrette Schalotten in kleine Würfel schneiden und in einem geräumigen Topf mit 1 Esslöffel Rapsöl anschwitzen. Emmerkorn-Reis hinzufügen und abwechselnd mit Wein und Gemüsefond untergießen, ca. 15 Minuten ziehen lassen.

Inzwischen Jalapeños halbieren, in etwas Rapsöl anschwitzen und 5 Minuten ins Rohr bei 160 C° geben.

Den Chinakohl vierteln, in einer Pfanne in etwas Lavendelöl ganz kurz glasieren und 3 Minuten ins vorgeheizte Rohr bei 160 °C schieben.

Aus dem gekochten Emmerkorn-Reis mit Paradeisessig und Distelöl sowie Bergkernsalz eine Vinaigrette zubereiten.

Schaffrischkäse in Scheiben schneiden und mit ein wenig Kräutersalz würzen.

Den gebratenen Chinakohl und die Jalapeños anrichten, Emmerkorn-Vinaigrette hinzufügen.

Empfehlenswerte Paprikasorte für dieses Gericht:
‚Jalapeño'

„Scharfer Hase" – Wildhase x 3 mit Zwetschke-Schoko-Chili

für 4 Personen

120 g Wildhasen-Innereien (Herz, Leber, Niere)
Thymian
4 Chilis
Rapsöl

Für die Zwetschke-Schoko-Chili-Creme:
(für 5–7 Gläser)
2,5 kg reife Zwetschken
Chilis
375 g Rohzucker
1 kräftiger Schuss Rotwein
Zotter-Feinbitter-Schokolade

Heiligenkraut
Bergkernsalz

Wildhasen-Innereien parieren, mit Thymian würzen und gemeinsam mit den Chilis in etwas Rapsöl anschwitzen. In der Pfanne nachziehen und rasten lassen.

Für die Röster Zwetschken halbieren, mit Zucker und Rotwein aufkochen, vom Herd wegziehen, geschnittene Chilis und Zotter-Schokolade einrühren. Die halbe Menge vom Röster mixen und gemeinsam mit der anderen Hälfte in Gläser abfüllen.

Einen Löffel Zwetschken-Schoko-Chili-Creme sowie einige halbierte Zwetschken auf dem Teller anrichten, Wildhasen-Innereien und Chilis auf die Creme drapieren und mit etwas Bratensaft, Heiligenkraut und Bergkernsalz vollenden.

Ein wenig Feinbitter-Schokolade auf die warmen Innereien raspeln.

Tipp:
Röster am besten im Frühherbst zur Zwetschkenzeit einkochen.

Empfehlenswerte Chilisorten für dieses Gericht:
‚Hai Xean Gjia', ‚Lingua di Fuoco', ‚NuMex Sunburst', ‚Takanotsume'

Für die Creme:
‚Biker Bill's'

Birne und Mini-Chili

für 6 Personen

80 g Mini-Chilis
1 Glas Birnencreme (eingekocht oder Birnenkompott gemixt)
2 Birnen
etwas Butter

Thymian zum Anrichten

Für den Kuchen:
4 Birnen
1 Ei
140 g Zucker
1 Prise Vanillezucker
50 g flüssige Butter
50 g Mehl
100 g Milch
5 g Backpulver

flache Tarteform
Backpapier

Für den Kuchen die Birnen schälen, vierteln, entkernen und in Scheiben schneiden.

Alle übrigen Zutaten in einer Schüssel zu einer homogenen Masse verrühren und zuletzt die geschnittenen Birnen untermischen.

Eine flache Tarteform mit Backpapier auslegen, die Masse eingießen und im Rohr bei 165 °C ca. 30 Minuten backen.

Für das Gericht Birnen schälen, entkernen und vierteln. Gemeinsam mit den Mini-Chilis kurz in Butter glasieren. Zusammen mit dem Kuchen, der Birnencreme und Thymian anrichten.

Tipp:
Am besten noch lauwarm mit hausgemachtem Vanilleeis servieren.

Empfehlenswerte Chilisorte für dieses Gericht:
‚Petits Becs'

Wachs- und Muskatkürbis mit gelbem Paprika, Haselnüssen und Petits Becs

1 Spalte Muskatkürbis (geschält ca. 100 g)

Für die Muskatkürbis-Marinade:

350 g Apfelsaft
50 g weißer Balsamessig
6 g Salz
2,5 g Chocolate Habaneros, entkernt und fein geschnitten

Für die Marinade:

20 g Korianderkörner
130 g Wasser
100 g weißer Balsamessig
100 g Zitronensaft
15 g Salz

Für den Wachskürbis (mariniert):

Teilstück von 1 Wachskürbis (ca. 150 g)

Für den Wachskürbis-Salat:

Teilstück von 1 Wachskürbis (ca. 200 g)
100 g Wachskürbis, gerieben
20 g grob geteilte Haselnüsse, geröstet
8 Blatt Estragon, grob geschnitten
50 g Muskatkürbis-Würfel, gedörrt
Kürbis-Marinade
Salz

Für die Paprikasauce:

10 gelbe Spitzpaprika
15 g Verjus
Salz
Kristallzucker
10 ml Haselnussöl (Fandler)

48 Petits Becs
200 ml Pflanzenöl

Für die Muskatkürbis-Marinade Apfelsaft, Balsamessig, Salz und die Habaneros aufkochen und bedeckt für 10 Minuten ziehen lassen. Passieren.

Den Muskatkürbis mit der Marinade auf Stufe 7 vakuumieren und für ca. 20 Minuten bei 98 °C weich dämpfen. In der Marinade auskühlen lassen. Dann aus der Marinade heben und im Ganzen bei 54 °C für ca. 3 bis 4 Stunden dörren. Mit Frischhaltefolie bedecken und kühl stellen. In kleinere Würfel schneiden.

Für die Marinade Korianderkörner in einer Sauteuse anrösten. Dann mit den restlichen Zutaten aufgießen und bedeckt für 30 Minuten ziehen lassen. Passieren, in Becher abfüllen und kühl lagern.

Für den Wachskürbis den Kürbis schälen und mit der Aufschnittmaschine der Länge nach in 1,2 Millimeter dünne Scheiben schneiden. Unmittelbar vor dem Servieren kurz in die Kürbis-Marinade einlegen.

Für den Salat Wachskürbis schälen und auf einer Röstireibe grob reißen. Die übrigen Zutaten kurz vor dem Servieren abmengen und mit der Marinade und Salz abschmecken.

Für die Paprikasauce Paprika säubern, halbieren, Strunk und Kerne entfernen. Dann Entsaften und auf die Hälfte einkochen. 300 Gramm davon mit Verjus, Salz und Zucker heiß vermengen und durch ein Fettsieb passieren. Zuletzt Haselnussöl in die Sauce einrühren.

Petits Becs schälen, je nach Schärfegrad nötigenfalls noch die Kerne entfernen. In einer schlanken Kasserolle das Pflanzenöl kurz unter dem Rauchpunkt erhitzen und die Petits Becs bei geschlossenem Deckel für 20 bis 30 Sekunden frittieren. Auskühlen lassen und die Haut abziehen.

Nun Salat mittig auf den Teller platzieren und mit den eingelegten Scheiben bedecken. Mit geschälten Petits Becs belegen und mit der Paprikasauce umgießen.

Tipp:

Je nach Saison können auch andere Kürbissorten wie z. B. Sommerkürbis verwendet werden.

Empfehlenswerte Paprikasorte für dieses Gericht:

‚Italian Yellow Marconi'

Paprika-Vielfalt (eingelegt)

1500 g Paprika-Vielfalt
1000 ml Pflanzenöl zum Frittieren
170 ml Olivenöl

Für die Marinade:
1000 ml Wasser
500 ml weißer Balsamessig (Gölles)
45 g Salz
80 g Zucker
2 Knoblauchzehen, geschält und leicht angedrückt
8 Thymianzweige
3 Rosmarinzweige

Für die Paprika-Marinade alle Zutaten gemeinsam für 5 Minuten leicht köcheln und anschließend bedeckt für 30 Minuten ziehen lassen. Dann durch ein belgisches Sieb passieren.

In einer hohen Kasserolle das Pflanzenöl kurz unter dem Rauchpunkt erhitzen und in kleinen Mengen die Paprika bei geschlossenem Deckel für 45 bis 60 Sekunden frittieren.

Die Paprika in eine Schüssel heben und mit einem Tuch abdecken, bis sie ausgekühlt sind. Anschließend die Haut vorsichtig abziehen. Je nach Sorte und Schärfe sollte man Kerne, Gebärmutter und Stiele entfernen.

Die Paprika-Marinade in einer flacheren Kasserolle erhitzen, die geschälten Paprika und das Olivenöl zufügen und je nach Paprikastärke 3 bis 5 Minuten garen.

Paprika und Flüssigkeit zusammen in breite Einmachgläser abfüllen, verschließen und rasch abkühlen.

Empfehlenswerte Paprikasorten für dieses Gericht:
‚Albaregia', ‚Alma', ‚Brown Egg', ‚Cecei', ‚Garden Sunshine', ‚Healthy Pepper', ‚Paradeispaprika Lozi'

Spitzpaprika mit Spitzkraut, Chili und Sungold-Paradeisern

Für das Spitzpaprika-Mark (270 ml):

450 g Spitzpaprika, entkernt und geschnitten
65 g Schalotten, geschält und geschnitten
10 g Sonnenblumenöl
100 ml Hühnerfond
4,5 g Salz

Für das Spitzpaprika-Leder (1 Matte):

80 g Spitzpaprika-Mark
20 g Hagebuttenmark
5 Zucker
5 g Paradeisessig
Chili (z. B. ‚Fish Pepper')
Salz

Für die Spitzpaprika-Reduktion:

150 ml Spitzpaprika-Succo

Für die Spitzpaprika-Sauce:

74 g Spitzpaprika-Reduktion
16 g naturtrübes Rapsöl
1 Msp. Guarkernmehl
Paradeisessig
Salz
Chili (z. B. ‚Naso di Cane')

Für die Sungold-Paradeiser:

20 Sungold-Paradeiser
Paradeisessig
Rapsöl
Salz
Zucker

Für die Spitzkraut-Fülle:

1 Spitzpaprika (z. B. ‚Aconcagua')
Rapsöl
1 Kopf Spitzkraut
Paradeiser-Würfel
Paradeisessig
Salz

Für das Mark Spitzpaprika und Schalotten im Sonnenblumenöl anschwitzen. Mit Hühnerfond nach und nach aufgießen und bis auf 300 Gramm einkochen. Salzen, mit dem Thermomixer mixen und durch ein belgisches Sieb seihen.

Für das Leder das Spitzpaprika-Mark mit dem Hagebuttenmark, Zucker und Paradeisessig vermengen, mit etwas Salz und Chili abschmecken. Auf einer Silikonmatte dünn auftragen und ca. 1 Stunde dehydrieren.

Für die Reduktion Spitzpaprika-Succo aufkochen, durch ein belgisches Sieb seihen und zur Hälfte einkochen.

Für die Sauce die Spitzpaprika-Reduktion mit Rapsöl und Guarkernmehl aufmixen, mit Salz, Paradeisessig und Chili abschmecken und durch ein belgisches Sieb seihen.

Die Sungold-Paradeiser schälen, halbieren und entkernen. Die Hälfte der Paradeiser mit Salz, Zucker, Essig und Öl marinieren. Die restlichen Paradeiser in feine Würfel schneiden und beiseite stellen.

Für die Fülle Spitzpaprika mit Rapsöl schmoren und enthäuten. Anschließend in feine Julienne schneiden. Die äußeren Blätter vom Spitzkraut ablösen und blanchieren. Die Spitzkrautherzen in einzelne Blätter zerteilen und in feine Julienne schneiden.

Mit den Paradeiser-Würfeln und den Paprika-Julienne vermengen und mit Salz, Paradeisessig und Rapsöl marinieren.

Das Spitzpaprika-Leder in ca. 20 Zentimeter große Dreiecke schneiden. Die blanchierten Spitzkraut-Blätter aufsetzen und mit der Spitzkraut-Fülle belegen. Zügig, aber vorsichtig zu einem Stanitzel zusammendrehen und schräg halbieren. Durch die Fülle wird das Paprika-Leder wieder befeuchtet und löst sich dadurch fast ollständig auf.

Mit der Sauce und den Sungold-Paradeisern anrichten.

Empfehlenswerte Paprikasorten für das Spitzpaprika-Mark:
‚Aconcagua', ‚Italian Sweet', ‚Kapia Yak Biberi'

Gebratener Waller mit Paprika und Zucchini

für 4 Personen

- 1 Wallerfilet (1,2 kg)
- 3 junge Knoblauchzehen
- Salz
- schwarzer Pfeffer, frisch gemahlen
- 2 gelbe Paprikaschoten
- 1 mittelgroßer Zucchino
- 6 EL Kreta-Olivenöl
- Bratenfond
- 400 g Tomaten
- 1 Schalotte
- 2 Lorbeerblätter
- 2 Thymianzweige
- 1/4 l Fischfond
- einige Basilikumblätter
- Paprikacreme zum Verfeinern

Waller portionieren. Die Knoblauchzehen schälen, halbieren und in Salzwasser blanchieren. In eiskaltem Wasser abschrecken und abtropfen lassen. Mit einem spitzen Messer kleine Schlitze in das Fischfleisch stechen und die Knoblauchstücke hineinstecken. Den Fisch mit Salz und Pfeffer würzen.

Backofen auf 190 °C vorheizen. Die Paprikaschoten waschen, halbieren, Stielansätze und Kerne entfernen und die Hälften in 3 Zentimeter große Rauten schneiden. Zucchino waschen und in Scheiben schneiden.

2 Esslöffel Olivenöl in einer Bratreine erhitzen und die Wallerstücke auf der Hautseite anbraten. Die Paprikarauten und Zucchinischeiben dazugeben und im vorgeheizten Backofen etwa 8 Minuten braten, dabei gelegentlich mit Bratenfond begießen.

Die Tomaten blanchieren, häuten, vierteln und entkernen. Die Schalotte schälen und in kleine Würfel schneiden.

Das restliche Olivenöl in einem Schmortopf erhitzen und die Schalotten darin glasig dünsten. Tomaten, Lorbeerblätter und Thymianzweige hinzufügen, mit Salz und Pfeffer würzen und mit Fischfond aufgießen. Kurz durchkochen lassen, dann über den Waller gießen und zusammen noch weitere 5 Minuten im Backofen garen.

Auf Teller anrichten und zusätzlich mit einem Löffel Paprikacreme verfeinern.

Dazu Weißbrot oder knusprig gebratene Kartoffeln servieren.

Empfehlenswerte Paprikasorte für dieses Gericht:
‚Garden Sunshine'

Koteletts vom Mangaliza-Schwein mit gefüllten Auberginen-Paprika-Röllchen

für 4 Personen

Für die Auberginen-Paprika-Röllchen:

- 2 längliche Auberginen
- Salz
- schwarzer Pfeffer, frisch gemahlen
- 8 EL Kreta-Olivenöl
- je 1 grüne, rote und gelbe Paprikaschote
- 2 kleine Zucchini
- 1 Schalotte
- 1 Knoblauchzehe
- 1 frischer Thymianzweig
- 150 g Tomatenwürfel
- 400 ml Tomatensauce
- 80 g Fetakäse
- 30 g geriebenes Weißbrot
- 30 g Olivenölmargarine

Für die Mangaliza-Koteletts:

- 4 junge, zarte Koteletts vom Mangaliza-Schwein
- Salz
- schwarzer Pfeffer, frisch gemahlen
- 2 EL Kreta-Olivenöl
- 12 Knoblauchzehen in der Schale
- 8 Salbeiblätter

Für die Röllchen die Auberginen waschen, abtrocknen und der Länge nach in dünne Scheiben schneiden. Mit Salz und Pfeffer würzen. In einer beschichteten Pfanne 6 Esslöffel Olivenöl erhitzen, die Gemüsescheiben nacheinander goldgelb braten. Die Paprikaschoten halbieren, Stielansätze und Kerne entfernen und mit der Hautseite nach oben so lange unter den heißen Grill legen, bis die Haut Blasen wirft. Dann die Hälften häuten. Die Zucchini waschen, Schalotte und Knoblauchzehe schälen und alles in kleine Würfel schneiden. 2 Esslöffel Olivenöl in einer Pfanne erhitzen und die Schalotten- und Knoblauchwürfel darin glasig dünsten. Dann die restlichen Gemüsewürfel dazugeben und mit anschwitzen. Mit Salz und Pfeffer würzen, den Thymianzweig und die Tomatenwürfel dazugeben und bei schwacher Hitze sämig einköcheln lassen. Den Backofen auf 210 °C vorheizen.

Auf eine Auberginenscheibe eine Paprikascheibe sowie jeweils einen Löffel des Ratatouilles geben, danach aufrollen. Die Tomatensauce in eine Auflaufform gießen und die Röllchen nebeneinander hineinsetzen. Den Fetakäse darüber verteilen. Weißbrotbrösel und Olivenölmargarine miteinander verrühren und darüber verteilen. Auf der mittleren Schiene des heißen Backofens etwa 15 Minuten überbacken.

In der Zwischenzeit die Koteletts salzen und pfeffern.

Das restliche Olivenöl in einer großen Pfanne erhitzen und die Koteletts darin scharf anbraten. Die Knoblauchzehen mit der Schale und die Salbeiblätter dazugeben. Die Koteletts wenden und auch die zweite Seite 1 bis 2 Minuten goldbraun braten. Die Koteletts müssen innen noch rosa sein.

Sofort auf vorgewärmten Tellern anrichten und die Auberginen-Paprika-Röllchen und Weißbrot dazu servieren.

Tipp:

Die Auberginen-Paprika-Röllchen sind solo eine ideale Vorspeise oder, angerichtet auf kleinen Weißbrotscheiben, ein köstlicher Snack zum Aperitif.

Empfehlenswerte Paprikasorten für dieses Gericht:

‚Cuneo', ‚Goldie', ‚Green to Orange'

Ziegenfrischkäsetorte mit Mandel-Pistazien und Paprika-Vinaigrette

für 8–10 Personen

- 150 g Ziegenjoghurt
- Salz
- weißer Pfeffer, frisch gemahlen
- Saft von 1 Zitrone
- 5 Blatt Gelatine
- 500 g Ziegenfrischkäse
- 50 g entkernte grüne Oliven
- 30 g Pinienkerne
- 50 g geschälte Mandeln
- 1/2 Bund Basilikum
- 3 rote Paprikaschoten
- 10 EL Kreta-Olivenöl
- 50–80 ml Hühnerbrühe
- 4 EL Weißweinessig
- 2 EL Honig
- schwarzer Pfeffer, frisch gemahlen
- 1/2 Mokkalöffel Thymianblättchen
- 1 EL grob gehackte Mandeln und Pistazien, geröstet
- schwarze Oliven zum Garnieren

Joghurt mit Salz, Pfeffer und Zitronensaft kräftig abschmecken. 3 Blatt Gelatine einweichen, gut ausdrücken, heiß auflösen und langsam mit dem Joghurt verrühren. Nach und nach den Ziegenfrischkäse unterrühren und – falls nötig – nachwürzen.

Eine Springform von 20 Zentimetern Durchmesser mit Backpapier auslegen, die Frischkäsemasse einfüllen und glattstreichen. Mit Folie bedecken und in den Kühlschrank geben.

Grüne Oliven, Pinienkerne, geschälte Mandeln, klein geschnittene Basilikumblätter, 2 Esslöffel Olivenöl und Hühnerbrühe im Mixer fein pürieren. 2 Blatt Gelatine einweichen, gut ausdrücken, in etwas heißer Brühe auflösen und unterrühren. Die Creme auf der Frischkäsetorte gleichmäßig verteilen und nochmals für 2 Stunden in den Kühlschrank stellen.

Die Paprikaschoten halbieren, Stielansätze und Kerne entfernen und die Hautseite mit etwas Öl bestreichen. Auf ein Backblech mit der Hautseite nach oben geben und im auf 220 °C vorgeheizten Ofen so lange garen, bis sich die Haut mit einem Messer abziehen lässt.

Weinessig mit Salz, Honig, Pfeffer, restlichem Olivenöl, Thymian, gehackten Pistazien und Mandeln zu einer Paprika-Vinaigrette verrühren.

Die Frischkäsetorte aus der Form lösen, in Stücke schneiden, mit der Mandel-Pistazien-Paprika-Vinaigrette umgießen und mit Oliven garnieren.

Empfehlenswerte Paprikasorten für dieses Gericht:
‚Paradeispaprika Lozi', ‚Su Tsu'

Zweierlei Tsarskaya-Austern mit Gazpacho-Granité

2 Tsarskaya-Austern

Zum Gratinieren:
Weißbrotbrösel
Petersilie, fein gehackt
Estragon, fein geschnitten
Schalotte, fein geschnitten
weißer Pfeffer
ein wenig Salz
Butterflocke

Für das Gazpacho-Granité:
4 Paradeiser
2 geschälte Pelati aus der Dose
Saft einer Limette
frischer Basilikum
frische Minze
Tabasco
Salz
1 roter Spitzpaprika
1 scharfer Paprika
1/2 Salatgurke, geschält
1 EL Olivenöl

1 Schuss Wodka zum Anrichten

Die Austern öffnen und säubern.

Für die Gratiniermasse alle Zutaten außer der Butterflocke vermischen, auf der Auster verteilen und Butterflocke daraufsetzen. Unter dem Salamander (= Backrohr mit starker Oberhitze) rasch gratinieren.

Für das Gazpacho-Granité Paprika und Gurke entkernen. Alle Zutaten grob schneiden, pikant würzen und einen Tag ziehen lassen. Pürieren und frieren.

Das Granité zur anderen Auster reichen.

Beide Austern gemeinsam anrichten.

Tipp:
Statt der Tsarskaya-Auster können Sie auch die Gillardeau-Auster verwenden.

Empfehlenswerte Paprikasorten für dieses Gericht:
‚Aji Pen', ‚Kapia Yak Biberi' (Spitzpaprika)

Gezupfter Herbstsalat in der Spitzpaprikaschote, mit cremigem Burrata und gelber Paprika-Vinaigrette

1 Burrata
1 roter Spitzpaprika, entkernt
gezupfte Blattsalate wie Endivienherzen, Radicchio di Chioggia, Radicchio Trevisano
Salz
Pfeffer

Für die Paprika-Vinaigrette:
1 gelbe Paprikaschote
Olivenöl
Distelöl
Pimentoöl (oder ein Chili, z. B. ‚Pimientos de Padrón')
Zitronensaft
Weißweinessig
Salz
Muskatnuss

Burrata halbieren und die Käsecreme mit einem Löffel herausschaben. Salzen und pfeffern.

Für die Vinaigrette Paprika entkernen, schälen und fein würfelig schneiden. Danach gemeinsam mit den übrigen Zutaten zu einer Marinade verrühren und abschmecken.

Die Burratacreme am Teller anrichten, Spitzpaprikaschote dazusetzen. Die Blattsalate mit der Paprika-Vinaigrette marinieren und in der Schote anrichten. Mit der restlichen Vinaigrette die Burratacreme beträufeln.

Tipp:
Sollten Sie keinen Burrata bekommen, können Sie auch einen ganz frischen Büffelmozzarella verwenden.

Empfehlenswerte Paprikasorten für dieses Gericht:
‚Anaheim', ‚Kapia Yak Biberi'

Für die Vinaigrette:
‚Italian Yellow Marconi'

Gegrillte Miniaturpaprika am Spieß mit Scheiben von der Kalbsniere und Cannellibohnen

1 Kalbsniere
4 Miniaturpaprika
100 g Cannellibohnen
Butter zum Braten
Paprikapulver edelsüß
Salz
Meersalz
Muskatnuss
schwarzer Pfeffer

Cannellibohnen einweichen. Anschließend Wasser abschütten und Bohnen weich kochen, abseihen. Die Hälfte der Bohnen fein pürieren, salzen und mit etwas Muskatnuss verfeinern. Die restlichen Bohnen in etwas Butter und Paprikapulver wärmen, salzen.

Die Kalbsniere putzen und in 1 Zentimeter dicke Scheiben schneiden (mit Fettrand). Die Scheiben beidseitig grillen, danach in heißer Butter auf den Punkt garziehen lassen, salzen und pfeffern.

Die Miniaturpaprika waschen und aufspießen. Spieß beidseitig grillen und mit Meersalz bestreuen.

Zum Anrichten einen Löffel Bohnencreme am Teller verteilen, die Kalbsnierenscheiben daraufsetzen. Die Cannellibohnen und den Paprikaspieß dazu anrichten. Mit Buttersaft nappieren.

Tipp:
Den Buttersaft mit etwas Weißweinessig verfeinern.

Empfehlenswerte Paprikasorten für dieses Gericht:
‚Aji Dulce Amarillo', ‚Miniature Yellow'

Calamari und Jakobsmuscheln mit grünen und roten Chilis

für 4 Personen

4 Jakobsmuscheln
4 Calamari (10–12 cm lang)
rote und grüne Chilis
Weizenmehl
Öl zum Braten

Für die Muschelsauce:
150 g Reisessig
100 g Zucker

Für die Mango-Chili-Sauce:
Chilipaste (z. B. „Chili gerieben" oder „Bio-Chili scharf" von Stekovics)
frische Mango
Salz
Zucker

Calamari und Jakobsmuscheln putzen und waschen. In Weizenmehl wenden.

Pfanne auf kleiner Flamme erhitzen, Öl hinzugeben. Calamari und Jakobsmuscheln hineinlegen und langsam braten, bis beide Seiten leicht knusprig sind und sie eine goldgelbe Farbe haben. Dann herausnehmen. Chilis in die Pfanne geben und braten, bis die Haut der Schoten leicht faltig wird.

Für die Muschelsauce Reisessig und Zucker im Wok anrühren und leicht erhitzen, Flüssigkeit reduzieren, bis die Sauce zähflüssig wird.

Für die Mango-Chili-Sauce Mango in Stücke teilen und gemeinsam mit der Chilipaste pürieren, bis eine dicke Masse entsteht. Mit Salz und Zucker nach Bedarf abschmecken.

Die Calamari und die Jakobsmuscheln gemeinsam mit den beiden Saucen am Teller anrichten.

Empfehlenswerte Chilisorte für dieses Gericht:
‚Marbles' (rot und grün)

Fein gehacktes Chili-Schweinefleisch auf knusprigem Tofu

für 4 Personen

- 2 Stk. junger Tofu (je 6 x 6 cm)
- 250 g Schweinefleisch aus der Schale
- 200 g rote und grüne Chilis (mild oder scharf nach Belieben)
- Jungzwiebeln
- 100 ml Reiswein (Shaoxing) oder Weißwein
- Pflanzenöl
- Shanghai-Sojasauce
- Hühnerbouillon
- glattes Weizenmehl
- Salz
- Pfeffer
- Zucker
- Maisstärke
- Koriander
- frischer Ingwer, gehackt

Tofu in 2 x 2 x 6 Zentimeter große Streifen schneiden. Mit Salz und gehacktem Koriander marinieren und in Mehl wälzen.

Das Fleisch klein hacken, dann 1/2 EL Shanghai Sojasauce, 1/2 EL Reiswein, 1/2 EL Maisstärke sowie 2 EL Wasser hinzugeben und gleichmäßig verrühren. Öl auf 180 °C erhitzen, Tofu darin 3 Minuten frittieren und herausnehmen.

Wok stark erhitzen, 3 EL kaltes Pflanzenöl hineingeben, darin gehackten Ingwer, Jungzwiebeln und Fleisch anbraten, bis die Poren geschlossen sind, und herausnehmen.

Chilis hacken. Wok abermals erhitzen und Chilis in 1 EL Pflanzenöl kurz anbraten. Dann das Fleisch hinzugeben und nach kurzem Rühren mit Salz, Zucker und Sojasauce abschmecken. Hühnerbouillon und mit Wasser verdünnte Maisstärke hinzugeben, nach kurzem Rühren die Flamme abdrehen.

Die fertige Fleisch-Chili-Mischung auf dem Tofu anrichten.

Tipp:
Tofu ist ein Gericht für Liebhaber feuriger, jedoch harmonischer Küche. Die seidene Textur des außen knusprigen und innen zarten Tofus ist leicht bekömmlich, während das gebratene Fleisch durch die Zugabe von zerhackten Chilis eine feurige, intensive Geschmacksnote erhält.

Empfehlenswerte Chilisorten für dieses Gericht:
‚Aji Panca‘, ‚Cecei‘, ‚Rocoto Peru Cusco‘, ‚Royal Gold‘

Gedämpfter Fischkopf mit gehackten Chilis

Kopf von 1–2 kg schwerem Fisch (z. B. Yellow Fish oder Amur-Karpfen)
20 g Jungzwiebeln
20 g frischer Ingwer
20 g Koriander, klein gehackt
20 g Knoblauch
300 g Chilis
Salz
weißer Pfeffer
Reiswein (Shaoxing) oder Weißwein
Sojasauce
5 g Sichuan-Pfefferkörner
Pflanzenöl
Getreideschnaps

Fischkopf waschen und putzen, mit Sojasauce, Salz, Pfeffer und Reiswein bestreichen, mit Ingwerscheiben und gehacktem Knoblauch belegen und ca. 15 Minuten ruhen lassen.

Teller mit einigen Ingwerstreifen belegen, Fischkopf daraufgeben und mit gehackten Chilis bestreuen. Dampfgarer erhitzen und Fischkopf ca. 10 Minuten bei großer Hitze dämpfen.

Öl im Wok stark erhitzen, Sichuan-Pfefferkörner kurz darin anrösten und sofort herausfiltern.

Fischkopf mit gehackten Jungzwiebeln, Koriander und Knoblauch bestreuen. In separater Pfanne Öl erhitzen und den Fischkopf mit dem heißen Öl übergießen.

Selbstgemachte eingelegte Chilis
500 g scharfe rote Chilis
250 g Knoblauchzehen
30 g frischer Ingwer
30 g Zucker
15 g Salz
50 ml Reisschnaps (Alkoholgehalt mind. 45 Vol.-%)

Knoblauchzehen schälen und waschen. Chilis waschen und putzen. Trocknen lassen.

Ingwer und Knoblauch in kleine Stücke hacken. Chilis auf trockenem Schneidebrett klein hacken und in eine Schüssel geben. Knoblauch und Ingwer hinzufügen. 10 g Salz und den Zucker beimengen und Masse gleichmäßig verrühren.

In einen Glasbehälter füllen, 3 Zentimeter zum oberen Rand frei lassen, das restliche Salz darüberstreuen und Reisschnaps hinzugeben. Glasbehälter luftdicht verschließen und bei Zimmertemperatur einen halben Tag lang stehen lassen. Dann für ca. 5–6 Tage in den Kühlschrank stellen.

Tipp:
Ein beliebtes, traditionelles Gericht aus der Provinz Hunan, das den frischen Geschmack der Meeresfrüchte mit der Schärfe von Chilis ideal verbindet.

Empfehlenswerte Chilisorten für dieses Gericht:
‚Golden Cayenne', ‚Sarit Gat', ‚Zhou Pi La Jiao'

Für die eingelegten Chilis:
‚Naso di Cane'

Weiches Ei mit Chilipaste

1 Ei

Stekovics' rote Chilipaste

Ei 4 bis 5 Minuten kochen. In Eierbecher geben, köpfen. Stekovics' rote Chilipaste daraufgeben, verrühren und genießen!

Gemüse-„Gatsch" mit Chili

2 mittelgroße Melanzani
2 mittelgroße Zucchini
2–3 mittelgroße Zwiebeln
400 g gewürfelte, geschälte Paradeiser
frischer Chili (je nach gewünschter Schärfe)
Olivenöl
1 EL brauner Zucker
Basilikum
Oregano
Salz
ev. 1 Schuss Sojasauce

Zwiebeln grob würfelig schneiden. Zucchini und Melanzani in ca. 1 x 1 Zentimeter große Würfel schneiden. Zwiebeln in einem geeigneten Topf mit Olivenöl anbraten, bis sie etwas Farbe angenommen haben, und beiseite stellen. Danach in einer Pfanne das geschnittene Gemüse mit Olivenöl anbraten – und zwar nicht alles auf einmal, sondern in mehreren kleineren Portionen, bis das Gemüse Farbe angenommen hat. Dieses sorgfältige, scharfe Anbraten in kleinen Etappen ist wichtig, damit das Gemüse ein gutes Röstaroma annimmt. Dabei nicht mit Olivenöl sparen.

Nun das gebratene Gemüse zu den Zwiebeln in den Topf geben. Die gewünschte Menge der frischen Chilischoten entkernen, in schmale Streifen schneiden und ihrerseits in Olivenöl kurz scharf anbraten. In den Topf mit dem Gemüse und dem Zwiebel geben. Nun den braunen Zucker hinzufügen und noch einmal bei starker Hitze kurz durchrühren, sodass der Zucker karamellisiert. Nun die Paradeiser hinzufügen – im Zweifelsfall auch durchaus etwas mehr als die angegebenen 400 Gramm –, nach Belieben salzen und bei nicht zu starker Hitze ca. 20 Minuten einkochen lassen. Ab und zu umrühren. Wer will, kann auch einen Schuss Sojasauce dazugeben.

Nach dem Kochen in eine Schüssel füllen und durchziehen lassen. Am besten schmeckt der „Gatsch" lauwarm oder auch kalt.

Tipp:

Schmeckt gut als Beilage zu Lamm oder kurz gebratenem, dunklem Fleisch oder auch als vegetarische Hauptspeise mit Polenta, Reis oder einfach einer Scheibe Weißbrot.

Empfehlenswerte Chilisorten für dieses Gericht:

‚Brown Egg', ‚Marbles', ‚Peter Pepper Orange', ‚Pimientos de Padrón'

Scharfer Melonensalat mit Garnelen

- 1 Honigmelone
- 1 Zuckermelone
- 8 Garnelen mit Schale
- 2 EL Honig
- 1 TL Ingwer, gerieben
- 1–2 mittelscharfe Chilis
- 1 rote Zwiebel
- 1 Limette
- Sesamöl
- Korianderblätter
- Gomasio

Für die Marinade Garnelen schälen, Schalen kurz in Sesamöl anbraten. 1/2 Zwiebel dazugeben, mit 1/4 Liter Wasser aufgießen und ca. 20 Minuten köcheln lassen. Leicht salzen und abkühlen lassen.

Honig, Ingwer, Saft der Limette und 2 Teelöffel Garnelensud mischen. Restliche Zwiebel und Chilis fein schneiden und untermengen. Den übrigen Garnelensud kann man einfrieren.

Melonen entkernen und in gleich große Stücke schneiden, mit der Marinade mischen und 1 Stunde kalt stellen.

Garnelen in etwas Sesamöl beidseitig anbraten, salzen und pfeffern.

Melonensalat auf einem Teller anrichten, Garnelen daraufsetzen, gezupfte Korianderblätter und Gomasio darüberstreuen.

Tipp:
Wer Koriander nicht mag, kann auch Minze nehmen.

Empfehlenswerte Chilisorte für dieses Gericht:
‚Petits Becs'

A

B

C

T

U

V

W

X

Y

Z

REZEPTE

Die in diesem Buch enthaltenen Empfehlungen und Angaben sind von den Autoren mit größter Sorgfalt zusammengestellt und geprüft worden. Eine Garantie für die Richtigkeit der Angaben kann aber nicht gegeben werden. Autoren und Verlag übernehmen keinerlei Haftung für Schäden und Unfälle.

Bibliografische Information der Deutschen Nationalbibliothek
Die Deutsche Nationalbibliothek verzeichnet diese Publikation in der Deutschen Nationalbibliografie; detaillierte bibliografische Daten sind im Internet über http://dnb.d-nb.de abrufbar.
Das Werk einschließlich aller seiner Teile ist urheberrechtlich geschützt. Jede Verwertung außerhalb der engen Grenzen des Urheberrechtsgesetzes ist ohne Zustimmung des Verlages unzulässig und strafbar. Das gilt insbesondere für Vervielfältigungen, Übersetzungen, Mikroverfilmungen und die Einspeicherung und Verarbeitung in elektronischen Systemen.

Ungekürzte Lizenzausgabe der Eugen Ulmer KG
Wollgrasweg 41, 70599 Stuttgart (Hohenheim)
E-Mail: info@ulmer.de; Internet: www.ulmer.de

Die Originalausgabe ist 2014 unter dem Titel „Atlas der erlesenen Chilis und Paprika"
im Löwenzahn Verlag erschienen

© 2014 by Löwenzahn in der Studienverlag Ges.m.b.H.
Erlerstraße 10, A-6020 Innsbruck
E-Mail: loewenzahn@studienverlag.at
Internet: www.loewenzahn.at

Umschlaggestaltung: Atelier Reichert, Stuttgart
Buchgestaltung sowie grafische Umsetzung:
graficde'sign pürstinger, Salzburg

Fotografien:
Peter Angerer

Lithografie:
Repro Atelier Czerlinka

Autorenfotos:
Julia Kospach (Rita Newman)
Erich Stekovic und Peter Angerer (privat)

Gedruckt auf umweltfreundlichem, chlor- und säurefrei gebleichtem Papier.

ISBN 978-3-8001-8092-9